VEIT LINDAU

wunder
werk

Wie du das
Unmögliche
möglich
machst

INHALT

Prolog   4

Part 1
Anerkennen, was ist   28

Part 2
Du bist ein schöpferisches Genie   44

Part 3
Im Universum der unendlich vielen Möglichkeiten   62

Part 4
Die Wunderversion deines Lebens   106

Part 5
Manifestation   152

Epilog   180

Wenn du es gestattest,
wird dieses Buch
dein Tor in ein Universum
unbekannter Möglichkeiten.

Du hast ein Recht auf Wunder,
denn du bist selbst eins.

Prolog

Lieber Mensch, ich freue mich, dass dieses Buch in deine Hände gefunden hat. Es ist eine Erinnerung an zwei existenzielle Geheimnisse, die du eventuell auf deiner Reise durch das Leben vergessen hast: Du bist ein Wunder und du hast ein Recht auf Wunder. Wann hast du das letzte Mal ein echtes Wunder erfahren?

Ich behaupte frech, wenn das nicht heute war, dann schläfst du. Dann bist du wie die meisten »wissenden, vernünftigen« Menschen in einem Traum der Routine und der künstlichen Limitierung eingeschlafen. Das Absurde daran ist, dass wir gelernt haben, diesen Traum auch noch zu verteidigen, selbst wenn er uns leiden lässt und unser wunderbares Potenzial vor uns verbirgt. Zwischen dir und den für dich möglichen Wundern lauert ein mächtiger Gegner. Nein, es ist nicht das Schicksal. Es sind auch nicht die Neurosen, die du dir in der Kindheit eingefangen hast, oder unsere Gesellschaft. Dein mächtigster Gegner bist du!

Ich habe großen, wirklich sehr großen Respekt vor deiner Macht. Wenn du wählst, am Traum deiner Begrenzungen festzuhalten, wird dich nichts und niemand davon abhalten. Du wirst dir die Hörner abstoßen, dich sinnlos ausbremsen, deine Flügel anketten und dir am Ende eines Lebens weit unter deinen Möglichkeiten bewiesen haben, dass du recht hattest. So mächtig bist du. Du allein entscheidest auch über die Wirkung dieses Buches. Und so möchte ich dich gleich zu Beginn, obwohl wir uns noch gar nicht kennen, zu einem Experiment einladen. Ich lade dich ein, jetzt bereits festzulegen, was dieses Buch am Ende für dich sein wird. Kreuze einfach eine Option an.

→ Zeitverschwendung

→ Seltsames Geschwafel

→ Habe ich schon gehört. Stimmt alles. Verändert hat sich aber wieder nichts.

→ Eine sanfte und radikale Revolution in meinem Geist, die mich aus einem Dämmerschlaf erwachen und mich seitdem Wunder leicht und freudvoll manifestieren lässt.

Vielleicht wendest du gerade innerlich ein: »Wie kann ich das jetzt bereits festlegen?« *Das* meine ich mit deiner schöpferischen Macht! Dieses Buch könnte von hier an aus leeren Seiten bestehen. Wenn du wählst, dass es *der* Durchbruch, *die* Aufwachpille für einen seltsamen Traum sein wird, dann wird es so sein. Wirklich!

Mit dieser Power in dir kann und will ich mich nicht anlegen. Deshalb werde ich meine Vorschläge oft als Einladungen formulieren, denn du musst sie freiwillig annehmen.

Dieses Buch ist eine einzige Einladung an dich, dich zu erinnern. An deine Fähigkeit, Wunder zu manifestieren.

Denn du hast ein Recht auf Wunder.

Du hast ein Anrecht darauf, durch diese Welt zu wandeln und jeden Tag voller Freude zu staunen. Du hast das Recht und die Fähigkeit, glücklich zu sein. Egal was gerade im Außen passiert.

Du bist ein schöpferisches Genie. Und weil es keine Zufälle gibt, ist es wohl der perfekte Augenblick, da dieses Buch in deinem Traum auftaucht.

Es ist das sanfteste und zugleich radikalste Buch, das ich je geschrieben habe. Sanft, weil es nicht darum geht, dich noch mehr anzustrengen. Im Gegenteil. Ich lade dich ein aufzuhören, gegen dein Licht und die Wunder deines Lebens zu kämpfen. Geh einfach mit deinem Rechthaben und deiner ermüdenden Einzelanstrengung aus dem Weg und lass das geschehen, wonach du dich schon so lange sehnst.

Öffne dich für die Magie des Lebens.

Lebe deine Wunder.

Sei ein Wunder.

Nicht irgendwann. Jetzt!

Es ist zugleich das radikalste meiner Bücher, weil es sich auf die Wurzel allen Leids und allen Glücks konzentriert – deinen Geist.

Dieses Buch ist aus dem Kurs wunderwerk entstanden und diesen wiederum habe ich als eine Liebeserklärung für alle Menschen, denen ich je begegnen durfte, in die Welt gebracht. Um genauer zu sein, es ist meine Liebeserklärung an eine ganz besondere Gabe, über die wir alle verfügen.

Wir können Wunder in diese Welt bringen. Und de facto glaube ich, ist dies der ultimative Sinn unseres Daseins.

Ich durfte in den letzten drei Jahrzehnten mit mehr als hunderttausend Menschen arbeiten. Mit vielen von ihnen sehr nah und ehrlich. Was mich dabei immer stark interessierte – für mich so etwas wie der Heilige Gral jeder Therapie und jeden Coachings –, ist die Frage: Was genau löst letztendlich die gewünschte Veränderung aus?

Es ist nicht, was wir intellektuell wissen. Ich bin mir sicher, auch du hast einen Bücherstapel zu Hause, den wirklich zu verarbeiten es mehrere Inkarnationen bräuchte. Es ist nicht die Sehnsucht nach Veränderung. Dann wären die meisten Menschen glücklich und geheilt. Es ist definitiv nicht der Grad unserer Anstrengung. Denn die verhindert ganz oft das, wonach wir uns sehnen.

Ich kürze es ab: Für mich ist es deine und meine Fähigkeit, aus dem Weg zu gehen.

Ja, du hast richtig gelesen. Ich bitte dich, aus dem Weg zu gehen. Damit meine ich natürlich nicht *dich*. Ich meine dein kleines Ich, das dir tagaus, tagein erzählt, wer du bist und was du kannst. Nichts im Außen hat so viel Macht über dich wie diese leise, abgenutzte und zugleich so rechthaberische Stimme in dir. Du kannst einen Sechser im Lotto haben, den wunderbarsten Geliebten an deiner Seite, eine Megaerkenntnis im Coaching, eine tiefe Heilungserfahrung in der Therapie oder eine echte Offenbarung in einer Meditation.

Solange du dieser Stimme glaubst, wird sie dafür sorgen, dass jedes Wunder wieder verblasst und du dich nach jedem Durchbruch schnell wieder in den alten Wänden deiner dir bekannten Komfortzone wiederfindest. Du kannst um die ganze Welt fliegen, dir zu Füßen von Gurus die Knie wund scheuern, … du wirst dein Gefängnis immer mit dabeihaben und es nie wirklich verlassen. Alles, was dir an Gutem geschieht, wird sich an die Regeln halten, die dir dein kleines Ich aufdiktiert. Und täglich grüßt das Murmeltier ...

Doch das ist kein Grund, frustriert zu sein. Es ist tatsächlich eine sensationell gute Nachricht. Denn wenn es dir gelingt, diese Stimme einmal vollständig zu enttarnen, dann steht der Kaiser nackt beziehungsweise dein Ego ohne Macht über dich da. Dann werden Wunder möglich. Nicht, weil du plötzlich über Zauberkräfte verfügst, sondern weil du aus dem Weg gegangen bist und realisierst, dass sich ständig Wunder um dich herum ereignen und dass du eines davon bist. Ich weiß, das klingt verrückt. Doch ich habe es so oft beobachtet. Menschen, die diesen Switch in sich gefunden haben, leben lässiger und freier. Sie manifestieren mit weniger Anstrengung ein wunderbares Leben.

Denn das, was du als Wirklichkeit erfährst, passiert dir nicht einfach so. Auch wenn es sich manchmal so anfühlt. Du hast sehr viel mehr Einfluss darauf, als du denkst. Als Kinder waren wir schon einmal in diesem freien Raum. Doch wir haben ihn damals unbewusst erfahren und dann, zumindest die meisten von uns, vergessen. Wir sind im Abenteuer des Erwachsenwerdens eingeschlafen. Statt bewusst zu staunen und zu zaubern, urteilen wir und bemühen wir uns. Wir träumen einen Traum der Begrenzung und verteidigen ihn auch noch ziemlich arrogant. Dieser Traum wirkt mächtiger auf uns ein, als uns oft bewusst ist. Wir kämpfen in ihm gegen die Windmühlen an, die wir selbst erschaffen haben. Wenn du zum Beispiel in dem Traum eingeschlafen bist, nicht liebenswert zu sein, und du nun all die Jahre versuchst, in diesem Traum Erfolg zu haben, wirst du sehr viel um dein Glück kämpfen müssen. Wenn sich kleine und große Erfolge einstellen, wirst du dir immer wieder beweisen, dass du nicht liebenswert bist. Doch die sehr gute Nachricht dieses Buches lautet: Du kannst aus jedem Traum erwachen.

Wunderwerk ist quasi eine Aufwachpille. Jede/r von uns ist ein Wunder mit schier unbegrenzten schöpferischen Fähigkeiten. Wenn du aus deinem anerzogenen Glauben an deine Begrenzung aufwachst, wirst du verstehen, dass du sehr klug bist und über viele Gaben verfügst, um dein Leben glücklich, reich und intensiv zu gestalten. Du wirst erkennen, dass du bereits eine Erfolgsgeschichte bist, und diese Erkenntnis wird jeden weiteren Erfolg wesentlich leichter zu dir kommen lassen.

Um der möglichen Wirkung des Buches vollen Raum zu geben, bitte ich dich, dich beim Lesen immer wieder auf folgendes Bild einzulassen: Stell dir vor, dass die meisten von uns im Laufe ihres Älterwerdens erblindet sind. Nicht physisch, sondern geistig. Stell dir vor, du bist jetzt gerade von einer Welt atemberaubender Schönheit und unendlicher Möglichkeiten umgeben. Jeder Grashalm, jeder Regentropfen, ein Baum, ein Vogel, dein Nachbar … alles strahlt in Wahrheit eine fast überirdische Schönheit aus, die uns Tränen der Glückseligkeit weinen lassen würde, wenn wir sie sehen könnten. Doch weil so gut wie alle Erwachsenen erblindet sind, halten wir das für eine Spinnerei. Wir glauben, dass die begrenzte, oft so graue und leidgeprägte Welt, die wir erfahren, die Wahrheit ist.

Dieses Buch hat das Potenzial, dich wieder sehen zu lassen. Nicht, weil das Buch so powervoll ist, sondern du! Wenn du beschließt, diesem Bild eine Chance zu geben, weil es eine tiefe Ahnung in dir berührt, dann wirst du dein Sehen zurückgewinnen. Und dann wirst du verstehen, dass Wunder keine Zauberei sind, sondern eine Kunst des Verlernens und gleichzeitig des Neu-Erinnerns. Ich werde dich aus verschiedenen Perspektiven einladen, die Macht deines Glaubens anzuerkennen und wesentlich größer darüber zu denken, wer du bist und was du kannst. Ich möchte dich einladen, dein Leben – egal wie alt du bist – neu zu entdecken und dich in seine vielen Wunder zu verlieben. Deine Gedanken haben die Power, in deiner Welt eine stille und zugleich so mächtige Revolution auszulösen.

Wenn du dieses Buch nicht nur mit dem Kopf, sondern auch mit dem Herzen liest, wird es zu einem Date mit einem sehr besonderen Menschen – dir selbst. Sieh Wunderwerk weniger als einen Ratgeber an, sondern vielmehr als einen Prozess des Aufwachens, in dem du dein altes, kleines, mittelmäßiges Ich friedvoll und dankbar aus seinen Diensten entlässt und dich für eine freiere Version deiner selbst öffnest.

BIST DU BEREIT FÜR EIN WUNDER IN DEINEM LEBEN?

———————

Dieses Buch ist für dich …

… wenn du müde bist von Kampf und Einzelanstrengung;

… wenn du dich nach mehr Erfolg und Erfüllung sehnst, aber keinen Bock auf Tschacka-Tschacka-Motivation und Selbstoptimierungswahn hast;

… wenn du bereit bist für ein neues Level an Leichtigkeit, Freiheit und Glück in deinem Leben;

… wenn du nach einem Weg suchst, deine Visionen entspannt und staunend zu manifestieren;

… wenn du dich neu in dein Leben verlieben willst.

Dieses Buch basiert auf einer verrückenden These: Die Welt, so wie sie wirklich ist, ist (eigentlich) ein Wunder. Jeder von uns lebt tagtäglich inmitten einer Vielzahl von Wundern. Doch in der Regel bemerken wir nichts davon. Wir denken zynisch, Wunder seien etwas für Zauberer, die tricksen, oder für kleine Kinder, die noch nicht in der Wirklichkeit der Erwachsenen angekommen sind. Falsch gedacht! Wunder existieren ganz real, wir müssen uns nur für sie öffnen.

Ich habe Wunderwerk geschrieben, weil ich glaube, dass viele Menschen müde sind, körperlich, aber vor allem geistig. Die meisten von uns wünschen sich noch mehr Glück, Erfolg, Frieden, … und gleichzeitig haben sie die Schnauze voll davon, sich dafür immer mehr anzustrengen. Die Rechnung unserer stark an Leistung und Konsum orientierten Gesellschaft geht offensichtlich nicht auf. Wenn wir einen Schritt zurücktreten und uns umschauen, dann ist schnell klar: Die ganze Welt ächzt unter der krampfhaften Anstrengung des Menschen. Viele von uns kriegen nicht einmal mehr genug Schlaf. Wir Menschen kämpfen einen zermürbenden Kampf auf so vielen Ebenen. Gegen uns, unsere Mitmenschen, gegen die Umstände. Ich glaube, viele wissen gar nicht mehr, wie es sein könnte, dem Leben offen, wach und gleichzeitig entspannt entgegenzugehen. Druck und Stress sind zur Norm geworden.

Ein Wunder ist ein Ereignis, das du bis eben nicht für möglich gehalten hast.

Deshalb werde ich in diesem Buch nichts mit dir teilen, was noch mehr Anstrengung von dir fordert. Wunderwerk ist ein Buch, das dich an etwas erinnert, das du vor langer, langer Zeit bereits einmal wusstest. Es ist eine Reise zu dir selbst. Der Schlüssel zu deinem Geburtsrecht. Denn auch wenn wir manchmal müde und zweifelnd in den Spiegel schauen – in Wahrheit ist jeder von uns ein wunderschönes, einzigartiges, liebenswertes, schöpferisches Genie.

Darf ich dich fragen, warum du dieses Buch in die Hand genommen hast? Kannst du dich noch an den ausschlaggebenden Impuls erinnern? Es kann sein, dass du einfach nur neugierig warst. Es kann sein, dass du das Wort *Wunder* gelesen hast und dachtest: »Oh wow, da bin ich mit dabei.« Wie auch immer, ich möchte dich einladen, kurz innezuhalten und dich einmal ganz ernsthaft zu fragen: Mal angenommen, durch die Beschäftigung mit diesem Buch werden für dich tatsächlich Wunder möglich.

Wo in deinem Leben würdest du dir gerade ein Wunder *wünschen*? Ja, wo brauchst du es vielleicht sogar dringend? Wenn du willst, schließe dafür einen Moment die Augen.

Wo in deinem Leben ist es Zeit für ein Wunder?

Und fühlst du dich bereit dafür?

So bereit, dass du gewillt bist, dafür dein Rechthaben loszulassen?

Vielleicht sehnst du dich endlich nach Frieden in dir. Oder nach einer Möglichkeit, leichter Erfolg zu manifestieren – in einem wertvollen Projekt oder einer Berufung, die du wirklich liebst. Vielleicht wünschst du dir eine erfüllende Liebesbeziehung, Gesundheit oder Geld? Vielleicht bewegt dich auch, was in der Welt passiert, und du wünschst der gesamten Menschheit ein Wunder.

Schreib es jetzt einmal auf, selbst wenn du nicht an Wunder glaubst:

»Ich, _____ ,

(dein Name)

wünsche mir ein echtes Wunder in

_____

_____

_____ .

Und jetzt, falls du dafür bereit bist, bestätige den nächsten Satz mit deiner Unterschrift.

»Ich bin für echte Wunder offen und bin bereit, dafür auf mein Rechthaben zu verzichten.«

Datum: _____ Unterschrift: _____
(Das Universum schaut dir gerade über die Schultern.)

Gut. Nun habe ich schon so oft das Wort »Wunder« verwendet, es wird höchste Zeit zu erklären, was ich damit meine. Denn es schwirren sehr verschiedene Interpretationen durch die Welt. Manche verbinden mit Wunder die kindliche Vorstellung, um etwas zu bitten und irgendeine mysteriöse Kraft regelt das dann für uns. Andere legen ihre Hoffnung in die Hände von Wunderheilern und werden leider oft enttäuscht.

Die Wunder, die du durch dieses Buch in dein Leben einladen wirst, sind auf der einen Seite wesentlich bodenständiger, denn du brauchst keinerlei Hokuspokus für sie. Auf der anderen Seite sind sie wesentlich spektakulärer. Denn sie stehen wirklich jedem Menschen zur Verfügung und wenn wir dieses Wissen erst einmal in Schulen lehren, werden wir die gesamte Welt wesentlich friedlicher und gleichzeitig kreativer, farbenfroher gestalten. Bitte tu dir den Gefallen und lies dir den folgenden Satz dreimal hintereinander vor, sprich ihn dabei am besten laut aus: **Ein Wunder ist ein Ereignis, das ich bis eben nicht für möglich gehalten habe.** Wie fühlt sich das an? Lies ihn noch mal und betone dabei das »ich«. Das ist bedeutsam für alles, was ich ab hier mit dir teilen möchte. Es gibt nämlich, wie bereits angedeutet, einen großen Gegner zwischen dir und den Wundern, die du verdient hast. Du selbst. Jener Teil in dir, der so arrogant ist zu denken, er wüsste, was möglich und was unmöglich ist.

Vorwarnung: Diese Stimme in dir wird eventuell versuchen, den Inhalt dieses Buches zu torpedieren. Nicht weil sie böse wäre. Sie kann einfach nicht anders. Immer wenn du an den Rand des Bekannten trittst, will sie dich davon abhalten:

»So ein Quatsch. Vergiss diese verrückten Gedanken.«

»Vielleicht funktioniert das ja bei anderen, aber nicht bei dir.«

Mein Tipp: Kämpfe nicht gegen diese Stimme. Rufe ihr liebevoll zu: »Danke, dass du mich beschützen willst. Doch woher weißt du das so genau?«

Diese Stimme muss immer auf deine Vergangenheit oder die Geschichten anderer zugreifen, um zu argumentieren. Sie hat keine Ahnung von dem, was kommt, und führt sich doch so gern als Prophet auf. Lass ihr den Spaß, aber nimm sie nicht so ernst. Ich arbeite nun fast dreißig Jahre als Coach und Trainer. Ich weiß, dass jedes einfache Werkzeug, das ich in meiner Arbeit als Experte für integrale Selbstverwirklichung anbiete, sehr viel im Leben eines Menschen bewirken kann, wenn es auf den richtigen Boden fällt. Für mich sind die zentralen Ideen von Wunderwerk *das* Fundament eines glücklichen Lebens.

Vielleicht hast du einiges von dem, was ich im Folgenden mit dir teilen werde, bereits gehört. Aber schau, die spannende Frage ist nicht, ob du etwas schon mal intellektuell gecheckt hast, sondern ob du es bis in die letzte Zelle deines Wesens integriert hast.

Ich bin mir beispielsweise relativ sicher, dass die meisten Menschen im Laufe der letzten zehn, zwanzig Jahre irgendwo schon mal über das Konzept gestolpert sind, dass wir mittels unserer Gedanken maßgeblich unsere Wirklichkeit beeinflussen. Ich wette, du auch. Vielleicht sogar in einem meiner Bücher oder in einem unserer Kurse auf der Plattform homodea.com. Ich wette, dass du damals dachtest: »Ja, das ist logisch, das leuchtet mir total ein.« Aber wenn du jetzt mal im Zeitraffer auf das letzte Jahr zurückblickst, dann bin ich mir relativ sicher, dass auch du dir eingestehen musst: »Wenn ich ehrlich bin, gab es Momente, in denen ich mich nicht so verhalten habe wie der oder die Schöpfer*in meines Lebens.« Deshalb fordere ich dich auf, die Inhalte dieses Buches in einer Mischung aus Demut und frischer Neugier aufzunehmen. So, als wenn du sie zum allerersten Mal hörst. Hungrig, wie jemand, der weiß, dass seine Zeit zum Durchstarten gekommen ist. Winke die Gedanken, die ich dir anbiete, nicht einfach so durch, sondern lass sie genüsslich auf deiner Großhirnrinde zergehen. Frage dich bei jedem intellektuellen Aha-Effekt:

Wie würde ich dies mit meinen Worten erklären?

Was bedeutet das ganz konkret für mich?

Wie und wo kann ich dies auf mein Leben anwenden?

MEIN GESCHENK FÜR DICH

Das Material dieses Buches stammt ursprünglich aus dem gleichnamigen **Onlinekurs wunderwerk** auf unserer Plattform homodea. com. Als mich mein Verlag bat, daraus ein Buch zu machen, habe ich mich sehr gefreut. In Büchern liegt noch einmal eine ganz besondere Form von konzentrierter Magie. Beim Schreiben habe ich gefühlt, wie sehr ich dir wünsche, dass du den Kerninhalt so richtig »kriegst« und dich davon berühren und bewegen lässt.

Deshalb möchte ich dir zusätzlich den Kurs wunderwerk schenken. So hast du die Möglichkeit, mich auch in lebendigen Videos zu erfahren und du bekommst Zugang zu mehreren, das Unterbewusstsein stark ansprechenden geführten Meditationen. Geh dafür auf **go.homodea.com/wunderwerk**. Dort kannst du dir den vollständigen Kurs als Geschenk abholen, wenn du folgendes Passwort eingibst: ichbineinwunder. Glaub mir, es lohnt sich. Dann kannst du den Input noch viel lebendiger und tiefer aufnehmen.

GLÜCKLICH, FREI, ERFOLGREICH

Wir mögen alle sehr verschieden sein und die Welt sehr unterschiedlich sehen, doch ich glaube, uns einen drei Wünsche:

Wir wollen glücklich sein.

Wir möchten innere und äußere Freiheit erfahren.

Wir möchten in dem, was wir lieben, erfolgreich sein.

Deshalb möchte ich dich einladen, dich zu fragen, ob das auch auf dich zutrifft. Wünschst du dir allgemein oder in einem speziellen Bereich deines Lebens nachhaltiges Glück, echte Freiheit und mehr Erfolg? Bist du bereit für Wunder in diesen Bereichen?

WAS IST EIN WUNDER?

Bevor wir an Fahrt aufnehmen, müssen wir genau klären, was ich unter Wunder verstehe. Ich möchte dir die Kunst des Erschaffens eines Wunders auf eine Art und Weise vermitteln, dass auch der Skeptiker in dir zustimmen kann. Für mich persönlich – und ich möchte dich gerne einladen, diese Definition mitzutragen – ist ein Wunder ein Ereignis, das du bis eben nicht für möglich gehalten hast.

Im Laufe unserer Geschichte haben Menschen immer wieder Ereignisse und Phänomene, die sie nicht erklären konnten, als Wunder beschrieben. Meist haben wir sie übernatürlichen Quellen, zum Beispiel Göttern, zugeschrieben. Besonders seit dem Zeitalter der Aufklärung hilft uns die immer weiter vordringende Wissenschaft, für viele dieser Wunder eine natürliche Erklärung zu finden. Man könnte jetzt einwenden, dass uns dadurch bedauerlicherweise in vielen Bereichen das Staunen und die Ehrfurcht genommen wurden. Doch die Vorteile überwiegen natürlich bei Weitem. Wissenschaft und rationales Denken haben uns von dunklem Aberglauben befreit und uns so viel mehr Handlungsspielraum zum Gestalten der Welt ermöglicht. Außerdem wird die Welt durch unsere Erkenntnisse nicht langweiliger. Wir stoßen nur in neue Grenzbereiche vor und finden neue Gründe, um zu staunen.

Wenn du mich fragst, schließen sich Staunen und Wissenschaft überhaupt nicht aus. Ich kann noch so viel über die biochemischen und neurowissenschaftlichen Vorgänge im Gehirn wissen, die Liebe und unsere Fähigkeit zu lieben bleiben für mich ein Mysterium. Die Evolutionsbiologen können uns vielleicht erklären, wie im Laufe von Millionen von Jahren durch Mutationen eine Rose, eine Amsel und der Mensch entstanden sind. Wenn ich dann an einer Rose rieche oder den Ruf einer Amsel an einem Frühlingsmorgen höre oder dir in einem vertrauten Gespräch in die Augen schaue, erlebe ich viel mehr als Fakten. Ich erfahre dann, wenn ich dafür offen bin, Schönheit, Tiefe, Zauber …

Es mag ängstliche Wissenschaftler geben, die sich an Datenreihen krallen, um die Welt zu erklären. Die meisten, deren Biografien ich gelesen habe, waren tief in ihrem Herzen Mystiker*innen.

Wenn ich in diesem Buch von Wundern schreibe, möchte ich weder alten Aberglauben noch eine Wünsch-dir-was-vom-Universum-Flachlandspiritualität beleben. Ich komme von dem wissenschaftlich bewiesenen Punkt, dass

→ die menschliche Wahrnehmung extrem begrenzt ist und wir also per se permanent einen Großteil der Wirklichkeit ausschließen.

→ wir in ein Universum schier grenzenloser Energie geboren wurden, dessen stärkster Drang darin zu bestehen scheint, permanent neue Möglichkeiten zu erschaffen.

Wenn es dir nun gelingt, deine Wahrnehmung kontinuierlich und sanft zu erweitern, wirst du mehr Wirklichkeit sehen können.

Wenn du außerdem lernst, die Energiequellen des Universums weiser und wirksamer anzuzapfen, wirst du spielerischer und freier mehr Möglichkeiten erschaffen.

Mit anderen Worten, du wirst mehr sehen, was alles möglich ist, und du wirst mehr möglich machen. Du wirst, wenn alles nach Plan läuft, morgen mehr Phänomene und Zusammenhänge sehen, die du heute noch nicht für möglich gehalten hast. Und du wirst selbst Dinge und Ergebnisse erschaffen, an die du heute noch nicht geglaubt hast.

Das ist zumindest in diesem Buch unsere Definition von Wundern:
Etwas, was du und ich bis eben nicht für möglich hielten.

Auch wenn uns das häufig nicht bewusst ist, wird unser Leben stark von einer unsichtbaren Linie bestimmt, die wir in unserem Geist zwischen *möglich* und *unmöglich* ziehen.

Was hältst du – Stand heute – nicht für möglich?

Ist es nicht möglich, bestimmte Krankheiten zu heilen? Ist es nicht möglich, psychische Heilung von Traumata außerhalb von Zeit jetzt sofort stattfinden zu lassen? Ist es nicht möglich, dass du einen Beruf findest, in dem du dich voller Freude verwirklichen und die Welt retten kannst? Ist es nicht möglich, für dein Herzensprojekt Geldgeber zu finden? Ist es nicht möglich, eine Liebesbeziehung zu eröffnen und langfristig zu gestalten, die alle deine Sehnsüchte diesbezüglich erfüllt?

Halte kurz inne und dann schreibe fünf Dinge auf, die du im Augenblick für unmöglich hältst.

Ich halte nicht für möglich, dass …

1. _____

2. _____

3. _____

4. _____

5. _____

Lies dir die Liste noch einmal durch. Fühle die Schwere dieser Aussagen. Was, wenn ich dir sage, dass die Lösung für alle diese Punkte irgendwo da draußen beziehungsweise in dir existiert. Wäre es nicht ein Wunder, wenn du sie findest? Und bist du dafür bereit, dein Rechthaben loszulassen?

Wenn jemand vor zwanzig Jahren zu mir gesagt hätte: »Veit, eines Tages wirst du einen Bestseller über Beziehungen schreiben«, hätte ich einen Lachkrampf bekommen. Denn vor zwanzig Jahren – ich bin jetzt seit 28 Jahren mit Andrea, meiner Liebsten, zusammen – haben wir uns noch total gefetzt. Ich war unglaublich kompliziert und hatte das Gefühl, der größte Beziehungsidiot zu sein, den es überhaupt gibt. **Ich hätte es nicht für möglich gehalten.**

Wenn du mir vor dreißig Jahren gesagt hättest, dass ich eines Tages für eine der größten Life-Coaching-Plattformen in Europa mitverantwortlich sein würde, mit einem positiven Impact für Hunderttausende Menschen, hätte ich dich ausgelacht. **Ich hätte es nicht für möglich gehalten.**

Denn ich war ein Chaot und hatte nichts im Griff. Schau dich heute einmal bewusst in deinem Leben um. Wir sind umgeben von Dingen, die unsere Eltern nicht für möglich gehalten hätten.

Vielleicht bist du seit zehn Jahren Single und wenn du mal ganz ehrlich bist, hast du eine Liebesbeziehung innerlich eigentlich schon abgehakt. Du denkst: »Das ist für mich nicht mehr drin.« Du hältst es nicht für möglich. Wenn du dann auf einmal jemanden triffst, mit dem du eine glückliche Beziehung eingehst, wäre das ein Wunder.

Vielleicht bist du jemand, der seit Jahren versucht, beruflich einen ganz bestimmten Traum zu realisieren. Du hast mehrere Bücher dazu gelesen; du warst fleißig; du hast dich angestrengt. Und jetzt kommt dieser Typ und sagt: »Du kannst das erreichen, aber mit weniger Anstrengung.« Dann grenzt das an ein Wunder, stimmt's? Was alles hältst du im Augenblick nicht für möglich? Das zu erschaffen wäre laut meiner Definition ein Wunder.

Dich genau so zu lieben, wie du bist. Mit dem, was du gerne tust, einen siebenstelligen Jahresgewinn zu erzielen. Eine Krankheit zu heilen, die als unheilbar gilt. Mit deinem Wirken zur Lösung eines der großen Menschheitsprobleme beizutragen. Mitten in einem scheinbar ordinären, weltlichen Leben aufzuwachen und zu erkennen, dass du jetzt bereits ein Wunder bist. Deinen perfekten Lebensplatz zu erschaffen.

Vieles von dem, was für dich selbstverständlich ist, wäre für andere ein Wunder. Etwa jemand, der anderswo auf der Welt hungert. Wenn dieser Mensch in deinen Kühlschrank gucken würde, wäre das für ihn ein Wunder. Für dich ist es völlig normal. Du denkst möglicherweise sogar, dass du nicht viel Geld hast und beim Essen etwas sparen musst. Doch für jemanden, der viel, viel ärmer ist als du und der plötzlich in deine Realität käme, wäre dein Reichtum ein Wunder.

Ich kann dir nicht versprechen, dass die Lektüre dieses Buches zu körperlicher Heilung führt. Und das werde ich auch nicht tun. Aber mal angenommen, du bist körperlich sehr krank und sehnst dich danach, heil zu sein, auch wenn die Chancen dafür gerade nicht besonders gut stehen; dann wäre Heilung in deinem Leben ein Wunder. Ich glaube an körperliche Wunderheilung. Ich habe mit Menschen gesprochen, denen sie nachgewiesenermaßen geschehen ist. Ich glaube zutiefst daran, dass unser Körper-Geist-System die Fähigkeit der Heilung besitzt, die die Wissenschaft bis jetzt nicht erklären kann.

Aber auch die »ganz normale« Medizin vollbringt fortlaufend Wunder. Die Tatsache, dass heutzutage so viele Menschen sehr alt werden können, hat enorm viel damit zu tun, dass die Medizin viele Dinge möglich macht, die noch vor hundert Jahren ein absolutes Wunder gewesen wären. Im Grunde gilt das für so gut wie alle technischen Errungenschaften, beispielsweise Smartphones. Hätten sich unsere Großeltern, als sie so alt waren wie wir, vorstellen können, dass du mal so eben dein Handy aus der Tasche ziehst, um deinen Freund anzurufen oder eine Sache im Internet zu recherchieren? Für sie wären diese kleinen Alleskönner ein echtes Wunder gewesen.

Die Realität, an die du dich gewöhnt hast, ist deine Norm. Doch in Wirklichkeit enthält sie viele Wunder, die du mittlerweile übersiehst.

Niemand von uns hat seine Möglichkeiten ausgereizt. Weder im Wiedererkennen der bereits bestehenden Wunder noch im Erschaffen neuer. Wir haben uns in unseren Beziehungen zu anderen, in der Beziehung zu uns selbst, in Fragen der Gesundheit, der Finanzen und so weiter auf einem gewissen Niveau eingerichtet. Das ist unsere Realität. Und in ihr passieren keine Wunder mehr, denn deine Realität besteht aus Dingen, die du für »normal« hältst. Dass sie möglich sind, ist für dich selbstverständlich. Tatsächlich sind das jedoch alles Wunder. Wenn du dir mehr Wunder in deinem Leben wünschst, lautet das erste wichtige Prinzip: »Schule deinen Blick für die Wunder, die bereits existieren. Denn egal wie mangelhaft dein Leben ist, es ist immer voller Wunder.«

Ich weiß, dass dies in manchen Situationen wie Hohn klingen mag und uns wütend machen kann. Das ändert nichts an der Tatsache, dass du jetzt gerade viele Dinge als selbstverständlich annimmst, die das aber keineswegs sind. Wenn du gerade glaubst, zu kurz gekommen zu sein, mit wem oder was vergleichst du dann dein Leben?

Unsere Sicht ist – evolutionär bedingt – meist auf das ausgerichtet, was fehlt oder schmerzt. Das, was da ist und funktioniert, blenden wir schnell mal aus: Ein Dach über dem Kopf. Ausreichend zu essen. Die Fähigkeit zu denken, Fragen zu stellen und zu lieben ...

Mal angenommen, du lebst mit einem anderen Menschen zusammen und ihr seid schon eine Weile ein Paar; dann ist es erfahrungsgemäß relativ easy zu vergessen, dass dieser andere Mensch ein überhaupt nicht selbstverständliches Wunder ist. Allzu oft konzentrieren wir uns auf das, was unser Gegenüber nicht richtig macht. Wir schießen uns auf seine Fehler ein und fühlen nicht mehr, was uns diese Beziehung schenkt. Doch wie unvollkommen deine Mitmenschen in deiner gewohnten Vorstellung von ihnen auch sein mögen – jeder von ihnen ist ein einzigartiges Wunder. Genau wie du. Egal was in deinen Augen an dir vielleicht noch nicht stimmt – du bist ein unbegreifliches und unwahrscheinliches Wunder.

Im Grunde genommen ist es ganz einfach. Wenn du nicht jeden Morgen vor dem Spiegel stehst und denkst: »Wow! Ich kann meinen Mund bewegen! Ich kann sprechen und sehen! Ich habe Hände und

kann damit berühren! Ich habe ein Herz und kann damit lieben!«
Wenn du nicht jeden Tag noch etwas mehr über dich staunst – dann
schläfst du. (Ich hoffe, du empfindest dies nicht als Beleidigung, denn
erst wenn wir unser Dahindämmern in Routine nicht mehr rechtfertigen, erwächst in uns ein starker Wille, den Schleier abzuschütteln und
wieder deutlicher sehen zu können.)

Wenn du deinen Blick dankbar für all die bereits existierenden
Wunder öffnest, schulst du deine Wahrnehmung für Wunder. Du
wirst so wesentlich schneller und leichter auch neue Wunder erschaffen. Für mich unterliegen Wunder keinem Zufall. Wir können
sie bewusst freilegen. Hier kommt die Formel für Wunder.

DIE WUNDERFORMEL

A + V + S + A + F = Wunder.

A ... Anerkennen, was bereits da ist.

V ... Verantwortung für deine gesamte Wirklichkeit
übernehmen.

S ... Staunen. Eine ganz bestimmte Art, vorurteilsfrei
auf die Welt zu schauen, die ich dir noch näher
erklären werde.

A ... Absicht. Dein gesamtes Leben folgt deiner tiefsten
Absicht.

F ... Flow. Ein natürlicher Zustand der Gegenwärtigkeit,
in dem sich dein Ego entspannt und du eins mit
deiner Handlung bist.

Diese Elemente offenbaren dir die bereits bestehenden und erschaffen zuverlässig neue Wunder. Im Folgenden werde ich sie mit dir zusammen genau untersuchen. Diese Wissenschaft ist keine Rocket Science, aber auch alles andere als Hokuspokus. Sie basiert auf fundierten Einsichten in die Funktionsweise unseres Geistes. Wichtig ist, dass du jedes Element für sich verstehst und sie konsequent miteinander verknüpfst.

CHALLENGE:
Wenn alles möglich wäre ...

———————

Ich möchte dich jetzt einladen, dich einmal zurückzulehnen und dir ganz in Ruhe die folgenden Fragen zu stellen:

→ Wenn alles möglich wäre – was wäre für dich ein wünschenswertes Wunder?

→ Wovon träumst du vielleicht schon lange?

Lass dich nicht von Zweifeln beirren, sondern denke einmal groß, frech und frei. Schreibe deine Antworten auf ein Blatt Papier. Es ist wichtig, dass du dies handschriftlich tust, so involvierst du dein Unterbewusstsein stärker. Wenn du damit fertig bist, schau dir deine Wunschliste noch einmal an und frage dich absolut ehrlich: Welches dieser Wunder ist dir wirklich wichtig? So wichtig, dass du dafür bereit bist, dein Rechthaben aufzugeben?

Part 1
Anerkennen, was ist

Der erste Schritt in der Kunst der Wunder erfordert das Anerkennen dessen, was ist. Mit anderen Worten: Du kommst in der Wirklichkeit, die du jetzt gerade erlebst, voll an. Du machst eine nüchterne und ehrliche Bestandsaufnahme. Nimm dabei das Gute wie das Schlechte, das Angenehme wie das Unangenehme wahr.

Mit diesem Buch möchte ich dich nämlich nicht dazu ermutigen, dir dein Leben schönzureden. Es ist ganz wichtig zu verstehen, dass die Kunst der Wunder nicht bedeutet, das Dunkle oder das Schmerzhafte auszublenden. Wenn Dinge in deinem Leben schieflaufen, laufen sie schief; dann solltest du sie genau so adressieren und nicht so tun, als ob sie nicht da wären. Wenn es wehtut, tut es weh. Wenn du traurig bist, bist du traurig. Das Schlimmste, was du während einer depressiven Verstimmung machen kannst, ist darüber hinwegzugehen und dir einzureden, dass diese Gefühle eigentlich gar nicht da sind.

Das ist nicht das, was ich mit Wundern meine. Ehrlich anzuerkennen, was jetzt gerade da ist, erfordert Mut. Zum Beispiel zu sagen: »Okay, die Beziehung mit meinem Partner steht auf der Kippe. Ich weiß gar nicht, ob ich das Ganze überhaupt noch will.« Oder: »Mein Konto ist im Minus«, »Ich habe meinen Job verloren«, »Ich fühle mich einsam«. Sich diese Dinge einzugestehen fühlt sich nicht besonders angenehm an.

Menschen, die am liebsten den Kopf in den Sand stecken würden, wünschen sich vielleicht kindlich naiv, dass ein Wunder all ihre Probleme löst. Doch wir reden hier von der erwachsenen und reifen Kunst im Erschaffen von Wundern. Ignorieren ist hier keine Option. Dir einzureden, dass in deinem Business alles gut läuft, obwohl die Zahlen immer mehr in den roten Bereich driften, ist anstrengend. Eine Zeit lang mag das gut gehen, aber auf die Dauer höhlt dich das aus – ganz abgesehen davon, dass sich deine berufliche Situation dadurch wahrscheinlich noch weiter verschlechtert.

Natürlich ist es schmerzhaft, traurig, beängstigend, hinzuschauen und zu benennen, was schiefläuft. Aber du wirst feststellen: Wenn du die Zahlen endlich einmal ganz konkret aufschreibst und den Missstand in deinem Business anerkennst, ändert sich etwas. Du entspannst dich in die Gegenwart hinein. Wobei entspannen hier nicht heißt, dass du die Situation nun toll findest. Vielmehr lösen sich Verspannungen, die dich die ganze Zeit unterschwellig Energie gekostet haben. Du hast einen Teil deines Bewusstseins abgespalten und gegen das kämpfen lassen, was ja eh schon da war. Dieselbe Kraft, die die unangenehmen Aspekte deiner Realität verleugnet, unterdrückt auch deine volle Kreativität. Die so gebundene Energie hindert deinen Geist daran,

A. das Wunder (Geschenk) in der Krise zu finden,

B. neue, wundersame Lösungen zu entwickeln.

Ich habe absichtlich negative Beispiele gewählt, weil es uns erfahrungsgemäß schwerer fällt, das Negative anzuerkennen. Aber natürlich geht es beim Anerkennen auch darum, sich die guten Dinge bewusst zu machen: »Ich bin gesund«, »Ich habe einen liebevollen Partner« und so weiter. Auch das ist wichtig. Alles anzuerkennen, was jetzt gerade in deinem Leben da ist, ist der erste Schritt, um dich für Wunder zu öffnen.

CHALLENGE:
Scanne deine Wirklichkeit

Was würdest du im Augenblick als einen positiven Aspekt deiner Wirklichkeit auffassen und was empfindest du als negativ? Stelle dir einen Timer für 20 Minuten und schreibe in zwei Spalten alles auf, was momentan in deinem Leben gut läuft und was nicht. Sei ehrlich und notiere auch jene Dinge, die dich gerade voll nerven oder vor denen du vielleicht Angst hast und deshalb nicht so genau hinschauen willst. Nimm dir ebenfalls ausreichend Zeit, um die schönen Dinge in deinem Leben konkret zu würdigen. Du brauchst die Punkte nicht im Detail auszuformulieren, sondern du kannst zum Beispiel einfach notieren: »Finanzen gerade katastrophal« oder »Mein Fitnesslevel ist positiv«.

DIE EIGENEN GRENZEN RESPEKTIEREN

Ein weiterer wichtiger Aspekt, den wir in diesem ersten Schritt des Anerkennens beleuchten müssen, ist die Frage: Was hältst du im Augenblick *nicht* für möglich? Wie wir später noch sehen werden, ist im Hinblick auf Wunder die Frage, was wir für möglich halten oder nicht, von großer Bedeutung. Dieser Punkt ist durchaus tricky. Denn in der Regel wollen die meisten von uns gerne positive Menschen sein, wir wollen als open-minded gelten, als optimistische Denker. Aber häufig gibt es eine Diskrepanz zwischen diesem Wunsch und der Wirklichkeit unserer Gedanken.

Wenn du dich zum Beispiel mit jemandem aus deiner Familie oder aus deinem Freundeskreis zerstritten hast und so richtig frustriert bist, weil du nicht mehr daran glaubst, dass ihr die Beziehung wieder hinbekommt, dann ist es für das Wunder, das du anstrebst, wirksamer, dies anzuerkennen und zu sagen: »Wenn ich ehrlich bin, glaube ich im Augenblick nicht daran« oder »Ich glaube nicht besonders stark daran, dass dies möglich ist«. Nur dann haben echte Wunder wirklich eine Chance. Das Gleiche gilt natürlich auch für überpersönliche, gesellschaftliche oder politische Angelegenheiten: »Ich halte es momentan nicht für möglich, dass die Menschheit aufwacht und wir die Klimakrise in den Griff bekommen.« Solche Gedanken anzuerkennen kann zuerst schmerzhaft sein. Doch dann wirst du eine Erleichterung spüren, weil du nicht mehr etwas vorgeben musst, was nicht stimmt.

ANERKENNEN BEDEUTET:

→ Ich höre auf, gegen die Wirklichkeit zu kämpfen, wie sie sich mir gerade präsentiert.

→ Ich erkenne an, was und wie ich gerade denke.

→ Ich erkenne an, was ich im Moment fühle.

→ Ich erkenne an, wie sich mein Körper fühlt.

→ Ich erkenne die Realität an, so wie sie für mich jetzt gerade ist.

→ Ich werde synchron mit ihr.

→ Jetzt bin ich da.

Anerkennen führt zu Entspannung. Wenn du deinem Bewusstsein gestattest, voll anzuerkennen, was ist, wird eine enorme kreative Energie freigesetzt.

REALITÄT IST EIN KONSTRUKT

In der Kunst der Wunder spielt der Glaube eine herausragende Rolle. Wenn du in der Tiefe nicht an etwas glaubst, dann ist es dir fast unmöglich, ein Wunder zu empfangen. Sollte es dennoch kommen, kann es sein, dass du es nicht bemerkst oder es wieder kaputtmachst. Wenn du zum Beispiel nicht glaubst, dass es für dich möglich ist, einen Menschen zu finden, der dich wirklich erkennt, der richtig gerne mit dir zusammen sein möchte, dich unterstützt und mit dem du eine langfristige, lebendige Beziehung aufbauen kannst, sondern du in deinem tiefsten Inneren davon überzeugt bist, dass du es nicht wert bist und dass dir eine solche Partnerschaft nicht möglich ist – dann ist die Wahrscheinlichkeit relativ groß, dass du diesen Menschen, selbst wenn er direkt neben dir steht, nicht einmal siehst. Oder vielleicht lässt du dich auf ihn ein, doch dein Unterbewusstsein wird dafür sorgen, dass du wieder im alten Drama landest.

Dieser Zusammenhang ist uns oft nicht bewusst. Wir denken: »Dort ist die Realität und hier ist das, was ich darüber denke.« Aber eine solche Trennung gibt es nicht. Glaube und Realität hängen ganz eng miteinander zusammen. Lass uns deshalb als Erstes klären, was Realität ist. Vielleicht überraschen dich die folgenden Ausführungen. Lies deshalb bitte aufmerksam und zugleich entspannt weiter und lass diese Gedanken in Ruhe wirken. Schau dich einmal dort, wo du gerade bist, um. Benenne, was du siehst. Das fühlt sich real an, oder?

Jetzt kommt's: Das, was du in diesem Augenblick siehst, ist nicht *die* Realität. Es ist ein auf ein Minimum reduziertes, stark verallgemeinertes und verzerrtes Abbild der eigentlich wesentlich spektakuläreren Wirklichkeit in deinem Geist. In Kurzform: Von den circa 11 Millionen Bits (= Informationseinheiten), die dich gerade umgeben, nimmst du maximal 200(!) bewusst wahr. Den Rest blendest du einfach aus. In diesen wenigen Reizen, die zu dir durchdringen, versucht dein Gehirn, bereits bekannte Muster zu erkennen und adaptiert die von außen kommenden Informationen durch:

→ Löschen: Ich nehme nur wahr, was ich erwarte.

→ Verzerren: Ich verzerre Bild, Ton etc., drehe Reize hoch beziehungsweise runter, bis sie in das bekannte Muster passen.

→ Verallgemeinern: »Ich wusste es ja! *Immer* passiert mir das!«

Lass uns das an einem Beispiel näher untersuchen. Sagen wir, die Sonne scheint und du sitzt entspannt auf einer Parkbank. Du liest in diesem Buch und ab und zu schaust du hoch, um zu sehen, was um dich herum so los ist. Dein Gehirn erzählt dir, dass du siehst, was wirklich stattfindet. Es sieht für dich so aus, als ob der Park im Außen wäre. Aber das ist nicht wahr. Sondern das, was du scheinbar um dich herum wahrnimmst, ist eine Widerspiegelung in deinem Gehirn. Du siehst nicht, was wirklich im Außen ist. Du siehst eine konstruierte Kopie der Wirklichkeit in deinem Gehirn, zusammengesetzt aus einem Bruchteil an Informationen – genau denen, die deine Filter als für dich wesentlich und möglich hindurchlassen.

Dein Gehirn gaukelt dir eine Illusion vor. Diese wird maßgeblich von deinen Überzeugungen beeinflusst.

Wenn du mit einer Freundin auf dieser Parkbank sitzt, dann müsstet ihr eigentlich genau dieselben Sachen sehen. Wenn ihr euch umschaut, sagt ihr vielleicht: »Na klar sehen wir dieselben Sachen. Wir sehen die Bäume und die Wiese und den süßen weißen Hund, der so vergnügt auf ihr herumläuft.« Aber jetzt kommt es: Selbst wenn ihr beide sagt: »Wir sehen sein flauschiges weißes Fell«, kann niemand von euch wirklich wissen, wie das Fell im Geist der/des jeweils anderen aussieht. Der Hund, den du siehst, existiert so nur in deinem Geist. Je nachdem, welche Erfahrungen dein Gehirn bereits mit Hunden, Fell, der Farbe Weiß … gemacht hat, lässt es nur ausgewählte Informationen in dein Bewusstsein dringen und gleicht sie hier den bereits vorhandenen Mustern an.

Es ist zuerst womöglich etwas beunruhigend, doch im Endeffekt heilsam und befreiend, wenn du verstehst, dass dein Gehirn dir *immer* eine Illusion vorgaukelt. Du siehst die Welt nicht so, wie sie ist – sondern so, wie du sie aufgrund deiner Überzeugungen kennst. Mit anderen Worten: Es gibt nicht *die* Realität. Es gibt *deine* Realität und sie wird maßgeblich davon bestimmt, was du für möglich hältst und was nicht. Doch wie kommt es überhaupt dazu? Wieso ist das, was wir wahrnehmen, nicht objektiv real?

HYPNOSE UND TRANCE

Im Grunde genommen sind wir alle hypnotisiert. Bei dem Wort denkst du vielleicht an einen Menschen, der in der Lage ist, durch bestimmte Worte oder Pendelbewegungen jemand anderen in Trance zu versetzen. Zu Recht würdest du einwenden, dass es ja wohl kaum sein kann, dass wir alle auf diese Weise hypnotisiert worden sind. Doch das meine ich hier nicht.

Die Hypnose, von der ich spreche, hat zwei Aspekte. Zum einen betrifft sie unser Verhältnis zur Welt insgesamt. Solange du eine duale Welt siehst, solange du dein Leben an Polaritäten wie rechts und links, Mann und Frau, oben und unten, richtig und falsch, Licht und Dunkel und so weiter ausrichtest, bist du nicht vollkommen wach, sondern du bist in einer Form von Hypnose. Du verkennst die große Verbundenheit, die wir alle miteinander teilen, und träumst den Traum der Begrenzung. Dein Verstand muss sich, um nicht durchzudrehen, auf einen klitzekleinen Ausschnitt der Wirklichkeit konzentrieren und den Rest ausblenden. Das ist dann deine persönliche Trance.

Zum anderen läuft die Hypnose, die ich hier meine, anders ab als beim Starren auf ein Pendel. Denn in diesem besonderen Fall sind Hypnotiseur und Hypnotisant ein und dieselbe Person – du selbst. Deshalb funktioniert diese Hypnose so einfach.

Jeder von uns hat eine solche innere Stimme, die den ganzen Tag auf uns einplappert. Sie verwendet tagtäglich circa 50 000 bis 60 000 Gedanken, um uns in unsere persönliche, maßgeschneiderte Trance zu versetzen. Wenn du morgens aufstehst und deine innere Stimme aus irgendeinem Grund beschließt, sich an diesem Tag darauf zu konzentrieren, was in deinem Leben alles schiefläuft, prägt das deine Wirklichkeit. Du stehst auf, guckst deine Pantoffeln an und findest sie auf einmal ziemlich schäbig. Du gehst Zähneputzen und siehst, wie oll deine Zahnbürste ist. Genervt verlässt du das Haus und prompt verpasst du den Bus. »Typisch«, kommentiert deine innere Stimme, »du bekommst eben nichts auf die Reihe.« Du fängst an, nur noch deine Mängel zu sehen, und die ganze Wirklichkeit erscheint dir in grauen Tönen. Du bist in Trance. Eine Trance ist ein kleiner verzerrter Ausschnitt von Bewusstheit. In diesem Zustand entwickelst du einen Tunnelblick, bei dem du alle Dinge nur noch auf sehr eingeschränkte Weise wahrnimmst und sie auch noch stark verzerrst.

Du bist in deinem Leben der oder die absolute Meisterhypnotiseur*in. Respekt!

Doch warum bist du so empfänglich für diese Form von Selbsthypnose? Ganz einfach: weil es niemanden gibt, dem du mehr vertraust als dir selbst. Es gibt niemanden, dessen Stimme dir näher ist als deine eigene. Sie begleitet dich immer und überall. Warum solltest du ihr nicht glauben? Das bist ja du selbst, der da spricht. Die Stimme in deinem Kopf beeinflusst deine Wahrnehmung der Wirklichkeit massiv. Sie blendet bestimmte Tatsachen aus, indem sie sich auf andere verstärkt konzentriert. Sie wiederholt alles, was ihr wichtig ist – meist untermauert mit sehr viel Gefühl –, so lange, bis du ihr glaubst. Woran erkennst du, dass du in einer Hypnose bist? Ganz einfach. Daran, dass du an bestimmte Dinge fest glaubst und bereit bist, diesen Glauben vehement zu verteidigen. »Ich bin mein Körper.«; »Ich habe recht.«; »Ich weiß, wo rechts und links ist.« Tja, ich weiß, das klingt verrückt bis sehr beunruhigend: Immer dann, wenn du etwas verkrampft verteidigst, bist du in Hypnose.

Es fühlt sich gar nicht so an, meinst du? Willkommen im Club. Genau das macht eine erfolgreiche Hypnose ja aus. Du hast nicht einmal mitbekommen, dass es dir passiert ist. Vielleicht verstehst du jetzt, warum ich dich schon mehrere Male gefragt habe, ob du für das Erschaffen von Wundern bereit bist, dein Rechthaben loszulassen. Rechthaben ist nichts anderes als das Verteidigen deiner Trance.

Ein*e fähige*r Hypnotiseur*in arbeitet mit sogenannten Tranceinduktionen. Dies sind fast beiläufig geäußerte Sätze, die uns in die Trance führen, ohne dass wir es bemerken. Je mehr du dem oder der Hypnotiseur*in glaubst, desto tiefer wirken solche Sätze.

Wer waren die ersten Menschen, denen du blind vertraut hast? Deine Eltern! Alles, was sie dir über dich und die Welt erzählten, traf auf ein ungeschütztes, vollkommen offenes Bewusstsein. Sie haben dich angeguckt, deinen Namen ausgesprochen und gesagt: »Die Anna ist aber wieder böse!« Zack, Tranceinduktion! »Das Leben ist kein Ponyhof!«; »Das schaffst du nie!«; »Geld verdirbt den Charakter.« Alles Tranceinduktionen. Frei Haus. Wenn eine Trance erst einmal richtig tief in dir verankert ist und du sie nicht irgendwann auflöst, baust du alles auf diesem Glaubenssatz auf. Dein Leben wird – ohne dass du es bemerkst – zu einer sich selbst erfüllenden Prophezeiung.

Später übernehmen wir selbst den Job, uns zu hypnotisieren. Wir setzen täglich Tranceinduktionen bei uns ein, ohne das mitzubekommen. Zum Beispiel willst du ein Business aufbauen. Du startest, du bist mutig, du riskierst wahnsinnig viel. Eigentlich hättest du jeden Grund, dich abends zu feiern und zu sagen: »Ich bin rausgegangen, ich bin ein Held.« Aber dann läuft es nicht so, wie du es dir vorgestellt hattest. Du folgst ein paar Leuten auf Instagram, die über 100 000 Likes haben, während du dich abstrampelst und nach Wochen immer noch bei hundert Leuten bist. Das ist der Moment, in dem dir die kleine, gemeine, zweifelnde Stimme zuflüstert: »Die mickrigen hundert Leute! Du schaffst das *nie*. Die anderen sind *immer* besser als du.« Tranceinduktion.

Das Ding ist: Um in dieser multidimensionalen, hochkomplexen Welt nicht verloren zu gehen, müssen wir etwas glauben. Das gibt uns Orientierung. Doch kein Glaube ist absolut wahr. Wenn du das bewusst verstehst, kannst du an Überzeugungen festhalten, die dich ausbremsen und dich immer wieder gegen den einzigen Pfosten weit und breit rennen lassen, oder du kannst neue Überzeugungen kultivieren, die dein Potenzial entfachen und dir mehr Möglichkeiten erschließen.

Bitte erstarre jetzt nicht vor Schreck, weil du denkst, du müsstest ab nun alle deine Gedanken kontrollieren. Keine Sorge, ich habe dir ja weniger Anstrengung versprochen, nicht mehr. Viele deiner Gedanken plätschern einfach so vor sich hin. Es geht darum, die Tranceinduktionen herauszufinden, die einen massiven und negativen Einfluss auf dein Leben haben. Zum Beispiel haben sich viele Menschen in der Kindheit den Glaubenssatz eingefangen: »So, wie ich bin, bin ich nicht gut genug.« *Das* ist ein Problem! Ein Garant für ständigen Kampf und wenig Freude. Doch auch bestimmte Glaubenssätze über deine Mitmenschen, über deine Beziehungen oder die Welt im Allgemeinen können für großes Leid sorgen.

CHALLENGE:
Wo bist du in Trance?

Lausche einmal einen ganzen Tag lang deinem inneren Monolog.

→ Welchen Geschmack hat er meistens? Freundlich, misstrauisch, meckernd, an dir oder anderen zweifelnd …?

→ Welche Tranceinduktionen ploppen spontan in dir hoch?

→ Was erzählst du dir über dich selbst und über die anderen?

→ Was denkst du über die Welt?

→ Welche dieser Gedanken kommen dir sehr vertraut vor, weil du sie häufig denkst?

→ Welche dieser Gedanken erlebst du als eher hinderlich für ein gutes Leben und welche als förderlich?

→ Welche werten dich oder andere ab?

→ Welche Gedanken sehen eher das Schöne, Gute und Wahre?

→ Bei welchen kannst du mittlerweile selbst ahnen, dass sie nicht wahr sind, und welche würdest du immer noch voller Überzeugung verteidigen?

→ Und bist du dir bewusst, dass sie alle nicht *die* Wahrheit wiedergeben, sondern nur *deine* Version der Wahrheit?

DU HAST EIN RECHT AUF WUNDER

Die Welt vibriert förmlich vor Wundern. In ihr warten Millionen von Möglichkeiten, die du bloß noch nicht erkannt hast. Wenn du sie jetzt gerade noch nicht erkennst, dann nicht, weil sie nicht existieren, sondern weil deine Trance sie ausschließt. Wenn sich dir nicht täglich viele Wunder offenbaren, ist etwas schiefgelaufen. Denn Wunder sind der natürliche Zustand dieses Universums. Wir sehen oft Chaos, doch allem liegt eine verborgene Harmonie zugrunde. Wir sehen Stillstand und Widerstand, doch tatsächlich gebiert dieses Universum permanent neue Möglichkeiten.

Du kannst deinen Geist dem Grübeln und Zweifeln überlassen und er wird dich immer weniger Wunder sehen lassen. Oder du entscheidest dich heute dafür, ihn kontinuierlich und sanft zu dehnen und jeden Tag etwas mehr Wunder für möglich zu halten.

Wenn es deine wahre Absicht ist, sprich es täglich – am besten morgens – mindestens einmal laut aus: »Ich wähle, heute wieder etwas mehr zu erwachen und noch deutlicher die Wunder des Lebens zu sehen.« Dann wird es so sein. Denn du hast diese Trance erschaffen und nur du kannst dich aus ihr erlösen.

Dein Traum der Begrenzung lässt sich nicht durch brachiale Gewalt beenden. Dafür bist du zu mächtig. Du musst dich für deine Befreiung auch nicht therapieren. Denn du bist nicht krank. Du träumst es nur. Alles, was es braucht, ist deine Bereitschaft, dich zu erinnern. Denn du wusstest es schon einmal. Vor langer Zeit.

Du hast ein Recht auf Wunder. Sie sind überall und du bist selbst eines davon.

Wenn du diesen Gedanken in dein Herz lässt, wirkt er wie ein mächtiger Auflösungszauber für jede begrenzende Tranceinduktion. Erinnere dich. Lass den Träumer, die Träumerin erwachen.

Entscheide dich, deinen Geist kontinuierlich zu dehnen und jeden Tag mehr Wunder für möglich zu halten.

Part 2
Du bist ein schöpferisches Genie

m Kern dreht sich alles um die Frage: Wie kannst du Ereignisse ermöglichen, von denen du eben noch nicht geglaubt hast, dass sie möglich sind?

Diese Frage ist das Tor zu einer neuen Wirklichkeit für dich. Um dieses Tor zu passieren, brauchst du keine neue Superpower, sondern lediglich das Erkennen, dass du bereits ein schöpferisches Genie bist und Wunder am Fließband erschaffst. Vielleicht lachst du über diesen Gedanken, weil er dir absurd vorkommt und dein Alltag dir momentan etwas ganz anderes widerspiegelt. Dann umso besser, dass du jetzt dieses Buch liest. Du verfügst nämlich über schöpferische Superpower an Stellen, an denen du sie wahrscheinlich gar nicht vermuten würdest. Eine ist zum Beispiel deine Fähigkeit zu *antworten*. Schauen wir uns diese doch einmal näher an. Bist du bereit?

DIE MACHT DES ANTWORTENS

Das zweite Element der Wunderformel heißt *Verantwortung*. Verantwortung ist eine spannende Sache, denn viele Menschen verstehen darunter etwas, das sie einengt oder ihr Leben erschwert, statt sie zu ermächtigen. Das ist ein großer Irrtum. Der Begriff geht zurück auf das Verb »antworten«, das unter anderem in der Rechtsprechung Anwendung fand. Der Angeklagte musste auf die Anklage antworten, das heißt, er musste eine Erklärung für sein Handeln abgeben, dafür einstehen. Dem liegt die Auffassung zugrunde, dass der Mensch einen freien Willen und damit für ein und dieselbe Situation mehrere Handlungsmöglichkeiten hat. Da er nicht allein auf der Welt ist, muss er auch die Folgen seines selbst gewählten Handelns bedenken und dafür »Rede und Antwort stehen«.

Diese begriffliche Tradition ist einer der Gründe dafür, dass viele Menschen bei Verantwortung an Verpflichtung denken oder an »Ich bin schuld an etwas«. Auch unsere Eltern und spätere Autoritäten in unserer Erziehung haben uns Verantwortung häufig eher als eine einengende Bürde, verbunden mit Schuldvorwürfen nahegebracht. So empfinden wir Verantwortung als etwas, das uns bindet und schwerer macht. Aber das wird unserer eigentlichen Natur und dem, wofür Ver*antwort*ung tatsächlich steht, nicht gerecht. Denn frei und schöpferisch zu antworten ist etwas anderes als pflicht- beziehungsweise schuldbewusst zu reagieren. Wer reagiert, ist abhängig von Meinungen im Außen. Er gestaltet nicht, sondern versucht sich zu arrangieren. Antworten bedeutet hingegen:

»**Ich halte inne. Ich denke nach. Ich nehme mir das Recht heraus zu wählen, wie ich auf das Leben antworten will.**«

Wenn du verstehst, wie viel Macht in deiner bewussten Antwort auf einen von außen kommenden Reiz steckt, gewinnst du einen völlig neuen Blick auf deine schöpferischen Möglichkeiten.

Verantwortung auszuüben bedeutet also: Du nimmst dir das Recht heraus, nicht einfach automatisch auf Gegebenheiten zu reagieren, sondern bewusst zu wählen, wie du antworten möchtest.

Im Grunde genommen besteht der erste Teil einer freien Antwort bereits darin, dir wieder und wieder bewusst zu machen, dass du die Welt nicht siehst, wie sie ist, sondern wie dein Verstand sie interpretiert. Alles, was du erlebst, passiert so nur dir. Dieser Grundsatz gilt wirklich überall. Denken wir an eine ganz banale Situation aus dem Alltag: Eine Gruppe von Menschen geht nach draußen und es regnet. Der eine genießt den Regen und denkt: »Wie herrlich, diese frische Luft!«, während der nächste innerlich schimpft: »So ein Mist, dass es heute schon wieder regnen muss!« Und der Dritte bekommt vom Regen gar nichts mit, weil er so in Gedanken versunken ist.

Das zu verstehen ist enorm wichtig, denn die meisten konzentrieren sich, was ihre Antwort betrifft, auf das, was sie nach außen geben – ihre Worte, ihre Handlung. Doch in Wahrheit beginnt deine Antwort wesentlich früher. Nämlich bei der Frage: Wie will ich das, was um mich herum erscheint, sehen? Worauf will ich mich konzentrieren?

**Die Ergebnisse
in deinem Leben
werden von
deinen Gedanken
erschaffen.**

EREIGNISSE SIND ERGEBNISSE

––––––––––

Kommen wir zu einer weiteren wesentlichen Unterscheidung: **Die Ereignisse in deinem Leben sind in Wahrheit deine Ergebnisse.**

Das mag erst einmal sehr theoretisch klingen, doch glaub mir: Der Satz birgt für dich eine schöpferische Erleuchtung. Sowohl bei einem Ereignis als auch bei einem Ergebnis würden wir sagen, dass etwas geschehen ist. Etwas ist anders als vorher. Worin liegt jetzt der Unterschied? In deiner Haltung gegenüber dem Vorgefallenen. Ereignis heißt: Es ist mir passiert. Ergebnis bedeutet: Ich habe damit etwas zu tun. Ich habe es erschaffen und übernehme deshalb dafür die schöpferische Verantwortung.

Eine gute Freundin von mir wäre letztes Jahr beinahe bei einem Autounfall ums Leben gekommen. Wenn ich meine Freundin jetzt frage: »Kannst du akzeptieren, dass der Unfall dein Ergebnis ist?«, sage ich nicht: »Du bist schuld an diesem Autounfall.« Das sage ich definitiv nicht. In diesen Unfall waren zwanzig Fahrer*innen und Fahrzeuge verwickelt. Es war – von außen betrachtet – ein Ereignis, in dem viele multidimensionale Wechselwirkungen zusammenkamen. Von meiner Freundin aus betrachtet, war es ihr persönlicher Autounfall und sie kann den maximalen Wert daraus ziehen, wenn sie ihn als *ihr* Ergebnis interpretiert. Noch mal, das ist wichtig: nicht im Sinne von Schuld. Sondern im Sinne von: Was hat dieser Unfall mit meinem

Leben zu tun? Warum gerade jetzt? Wie interpretiere ich, was passiert ist? Was mache ich daraus?

Durch eine bewusste Auseinandersetzung mit diesen Fragen wird aus einem Ereignis (von außen) ein Ergebnis (von innen). Wir gewinnen so unsere schöpferische Macht zurück, die wir an viele Ereignisse abgegeben haben. Wir erleben uns nicht mehr wie einen Ball, der herumgeschubst wird, sondern wie einen klaren Geist, der im Mittelpunkt von allem steht.

Wenn wir beginnen, unsere Wirklichkeit aus dieser Perspektive zu betrachten, entdecken wir, dass wir wesentlich mehr Wahlmöglichkeiten bei unserer Antwort haben, als wir dachten. Der eine Mensch denkt nach einem solchen Autounfall: »Ich wusste es, das Leben fuckt mich einfach immer wieder ab!« Für einen anderen wird der Unfall möglicherweise zu einem Wake-up-Call. Er zieht daraus den Schluss: »Der Unfall war sehr schmerzhaft. Aber ich war es, der beschlossen hatte, genau an jenem Tag auf der Autobahn unterwegs zu sein. Wenn ich mir mein Leben anschaue, ergibt diese harte Lektion Sinn. Ich war schon lange Zeit völlig getrieben auf der Überholspur des Lebens unterwegs. Dafür, dass ich heil davongekommen bin, bin ich unendlich dankbar. Was kann ich daraus lernen? Wie kann ich ab heute bewusster, authentischer und dankbarer leben?« Der Erste interpretiert den Unfall als ein Ereignis, das ihm zugestoßen ist, bei dem er der Macht des Schicksals ausgeliefert war. Er war das machtlose Opfer. Der Zweite integriert den Unfall in sein Leben und akzeptiert ihn als sein Ergebnis. Und dreimal darfst du raten, welche Haltung wohl die machtvollere ist und auch im Nachhinein mehr Wunder erschafft?

Je stärker wir die Verantwortung für das, was in unserem Leben geschieht, nach außen abgeben, desto hilfloser werden wir uns fühlen und wir werden Wunder nur noch selten und scheinbar zufällig erleben. Je stärker wir alles, was uns geschieht, als ein Ergebnis unserer eigenen Interpretation und Reaktion betrachten, als desto machtvoller werden wir uns erfahren. Wir lernen, Wunder überall zu sehen und willentlich zu kreieren. Wunder beginnen nicht im Tun, sondern in der bewussten Wahl, wie wir interpretieren, was geschieht.

CHALLENGE:
Deine zehn wichtigsten Ergebnisse

———————

Lass das vergangene Jahr noch mal Revue passieren. Überlege, was für dich die zehn wichtigsten Ereignisse waren, egal ob positiv oder negativ, und schreibe sie auf.

Und nun schau dir diese Liste an und frage dich ehrlich: Kann ich diese Ereignisse *als meine Ergebnisse* akzeptieren?

Kann ich akzeptieren, dass meine Gedanken und Handlungen dabei eine wesentliche Rolle gespielt haben?

Bin ich in der Lage, bewusst Verantwortung für sie zu übernehmen?

Was ändert sich dadurch für mich?

SCHÖPFERISCHE TITAN*INNEN

Wenn du mit jemandem eine Partnerschaft eingehst und nach zehn Jahren geht diese Partnerschaft auseinander, dann ist das nicht einfach so schwuppdiwupp passiert. *Warum hast du damals gerade diesen Menschen ausgewählt? Wie hast du in all diesen Jahren über den anderen und eure Partnerschaft gedacht? Wie oft hast du dich als Opfer gefühlt und wie oft hast du schöpferisch gehandelt? Welche faulen Kompromisse bist du wieder und wieder eingegangen? Was hast du proaktiv, zum Beispiel in die Entwicklung deiner kommunikativen Fähigkeiten oder deiner emotionalen Intelligenz, eingezahlt?*

Wenn du unglücklich bist, dann nicht, weil dir etwas im Außen fehlt.

Es geht nicht um Schuld. Doch wir vergessen so schnell, dass das, was wir heute erleben, das Ergebnis Tausender kleiner und großer Antworten in Form von Gedanken, Gefühlen und Handlungen der letzten zwölf Monate ist. Schlaue fragen mich manchmal: »Wieso gerade zwölf Monate?« Das ist natürlich nur eine willkürlich festgelegte Zeitspanne. Doch sie hilft dir, ein Gefühl für die Wirkungskette in deinem Leben zu bekommen.

Um es nochmals ganz deutlich zu sagen, weil wir so schnell in die alte Gedankenschlaufe hineinrutschen: Bei Ver*antwort*ung geht es nicht um Schuld. Sondern es geht darum zu verstehen, dass du ein*e schöpferische*r Titan*in bist. Du verfügst über eine ganz besondere, gewaltige Schöpferkraft. Nur wenden die meisten von uns diese Kraft extrem nachlässig und unbewusst an. **Deine Gedanken werden Dinge!** Die Ergebnisse in deinem Leben werden von deinen Gedanken erschaffen. Bam!

Ich weiß, dieser Satz liest sich so schnell, doch er hat es in sich. Wahrscheinlich hast du ihn in der einen oder anderen Version bereits gehört. Er ist in seiner Aussagekraft tatsächlich so respekteinflößend radikal und revolutionär, dass wir versucht sein könnten, einfach schnell weiterzugehen. Machen wir beide aber nicht! Also, nimm dir einen Augenblick Zeit, um den Satz sacken zu lassen:

Die Ergebnisse in deinem Leben – deine Realität – werden von deinen Gedanken erschaffen. Alles, wirklich alles, was dich an dieser Welt nervt und an ihr leiden lässt, hat seine Wurzel darin, *wie* du darüber denkst. Deine Gefühle und Handlungen folgen deiner Interpretation. Sie lösen eine Kettenreaktion aus und kreieren so neue Ergebnisse, die deine Gedanken zu bestätigen scheinen. Um es in einem Bild auszudrücken: Du lebst in einem Spiegelkabinett. Alles, was du siehst, sind die Reflexionen deiner Gedanken.

Jetzt denk mal kurz über deine Wirklichkeit nach und mach dir klar: Das ist *dein* Geist! Ganz schön krass und powervoll, was du da so erschaffst! Wenn du unglücklich bist, dann nicht, weil dir etwas im Außen fehlt. Wenn das so wäre, dürfte es keine Heiligen geben, die sanft lächelnd unter einem Baum sitzen, kaum etwas zu essen haben und trotzdem glückselig sind. Außerdem hast du sicher selbst schon mal Momente erlebt, in denen du ganz viel hattest und trotzdem nicht glücklich warst. Das Entscheidende ist nicht das Außen, sondern das Entscheidende sind deine Gedanken. Das Problem ist nur, dass diese Gedanken so beiläufig in uns aufsteigen, dass wir viele von ihnen kaum wahrnehmen. Einfach mal zu denken und zu sagen: »Das ist nicht gut und der andere ist schuld!« kostet nichts und ist schnell gedacht. Aber zack – damit hast du einen Realitätstunnel geöffnet. Alle weiteren Gefühle und Handlungen stürzen jetzt einfach hinterher.

Deine Gedanken werden Gefühle werden Handlungen werden deine Realität.

Das Thema ist deshalb so mächtig und befreiend, weil du erst wenn du Ver*antwort*ung für alles übernimmst, realisierst, wie viel du mit deinen Gedanken und Handlungen eigentlich bewirkst. Du spielst wie ein Kind permanent – und relativ ahnungslos – mit Gedanken, weil du denkst, das seien einfach nur Spielzeuge. Doch in Wahrheit sind es mächtige Werkzeuge der Schöpfung, die so viel aufbauen, aber eben auch zerstören können. Der Gedanke: »Ich wähle, ab heute mein Leben als ein Wunder zu erfahren« braucht ungefähr genauso viel Zeit und Energie wie: »Warum ist die Welt nur so schlecht und immer gegen mich?!«, doch er katapultiert dich sofort und sanft in ein anderes Universum.

Wir leben in einem Kosmos unendlich vieler Möglichkeiten. Ich rede dabei nicht von der Zukunft. Ich meine diesen Moment jetzt gerade. Ohne auch nur irgendetwas im Außen zu verändern, kannst du diesen Augenblick auf tausend verschiedene Weisen erfahren. Du kannst dieses Buch lesen und sein Inhalt rauscht an dir vorbei. Du kannst denken: »Was erzählt Veit da für einen Quatsch?« Oder du kannst jetzt gerade beschließen: »Das ist nicht irgendein Buch. Das ist mein Moment, in dem ich für immer aus meinem Traum der Begrenzung erwache!« Und dann wird es so sein.

VERANTWORTUNG BEDEUTET:

Ich nehme mir das Recht heraus, die Welt frei und neu zu interpretieren und mit einer klaren, schöpferischen Absicht zu *antworten*.

Ich akzeptiere alle Ereignisse als meine Ergebnisse.

Ich verstehe, dass meine Gedanken Dinge erschaffen, und gehe ab heute smart, liebevoll und achtsam mit dieser Superpower um.

Irgendwann hast du dich so an den grundlegenden Geschmack deiner Realität gewöhnt, dass es dir Angst macht, sie infrage zu stellen. Du hältst sie aufrecht, selbst wenn du in dieser Wirklichkeit leidest oder zumindest nicht so viel Glück erfährst, wie es für dich möglich wäre.

Es gibt einen Begriff für das Aufrechterhalten einer eigentlich überholten Realität, den du jetzt mittlerweile gut kennst: *Rechthaben.*

Du kannst Leben nur aus zwei Zuständen heraus erfahren: recht haben wollen oder glücklich sein. Und nein, du Schlaumeier, es geht nicht beides. Recht haben wollen bedeutet, die von dir kreierte Realität zu verteidigen. Das ist dein gutes Recht, du solltest dir nur den Preis, den du dafür zahlst, sehr genau anschauen. Rechthaben friert deine schöpferischen Fähigkeiten ein und macht dich zu einem Gefangenen deines gegenwärtigen Realitätskonstrukts mit all seinen Begrenzungen. Wunder werden so auf ein Minimum reduziert.

Da du ein enorm mächtiges, schöpferisches Wesen bist, kann dich niemand außer dir selbst daran hindern, einfach so weiterzumachen oder dein Leben auf einem völlig neuen Level zu erfahren. Wenn du wählst, an einer Wirklichkeit festzuhalten, die dich leiden lässt, dann wirst du bis zum Ende deines Lebens leiden. Kein Fünfer im Lotto, keine Therapie werden daran etwas ändern. Ich wette, du kennst dafür Beispiele in deinem Umfeld. Bei anderen sieht man es immer deutlicher.

Deine Power, recht zu haben, ist so verdammt respekteinflößend. Du kannst damit jede Menge unangenehmer Gefühle, frustrierender Ereignisse, Krankheiten, Scheidungen, ja Kriege produzieren. Lege dich niemals mit einem Menschen an, der noch sehr viel Gefallen am Rechthabenwollen findet.

Wenn du beschließt, dass die Welt ein grauer Ort ohne Wunder ist, dann wird es so sein. Wenn du darauf beharrst, das Leben kompliziert zu sehen, wird es kompliziert sein. Wenn du erwartest, dass es ein Kampf ist, wird es ein Kampf sein. Egal, worin du recht behalten willst, du wirst recht behalten. Du wirst wie ein unsichtbares und dennoch mächtiges Magnetfeld Umstände und Menschen anziehen, die dir das immer wieder bestätigen. Respekt vor dieser Meisterleistung, du Titan*in der Schöpfung!

Alles, was sich in deinem Leben in Variationen ein ums andere Mal wiederholt, geschieht, weil du es so erwartest.

Das, was du für möglich hältst und was nicht, wirkt sich auf deine Gedanken, Gefühle und deine Handlungen aus.

CHALLENGE:
Erkunde deine Überzeugungen

Wenn Wunder Ereignisse sind, die du bis eben nicht für möglich gehalten hast, ist es wichtig, dich zu fragen: »Wo steht mein Glaube dem Wunder im Weg?« Liste ehrlich alle starken Zweifel auf, die zwischen dir und deinen Wünschen stehen. Wähle die drei wichtigsten aus. Nun schreib alle Gründe auf, die diese Zweifel scheinbar bestätigen. Zum Beispiel:

»Ich glaube nicht, dass ich mit einem Mann eine glückliche Beziehung führen kann, weil ich schon so viel Mist mit Männern erlebt habe.«

Schreibe wirklich alle Argumente auf, die deine drei wichtigsten Zweifel untermauern. Wenn du damit fertig bist, lies dir noch einmal alle Gründe aufmerksam durch. Mach dir klar, dass jeder einzelne davon nur ein Gedanke ist. Vielleicht beruht er sogar auf einer vergangenen Erfahrung. Aber jetzt mal unter uns: Dir ist schon klar, dass alle deine Erfahrungen nur ein kleiner Pups in der orgiastischen, bombastischen Sinfonie des Universums sind?! Darauf willst du deine Argumentation aufbauen? Und selbst wenn, ist deine erinnerte Erfahrung wiederum nur eine von tausend Möglichkeiten, wie du dieselben Ereignisse in deinem Leben interpretieren könntest. Mach dir klar, dass keine vergangene Erfahrung die Macht hat, dich einzusperren, es sei denn, du gestattest es ihr. Frage dich, ob du bereit bist, diesen Zweifel loszulassen, selbst wenn du nicht weißt, wie das geht.

Wenn du spürst, dass du dazu bereit bist, verbrenne das Blatt Papier (mach das bitte feuersicher!) oder zerreiß es in kleine Stücke. Sage währenddessen einige Male laut: »Ich lasse diesen Zweifel los. Er ist nicht real. Ich öffne mich für Wunder.«

Hier kommt noch ein Wunderwerk-Geheimnis:
Nicht diese Gedanken haben so viel Power. Du gibst ihnen deine Power, indem du wählst, dass sie wahr sind. Du kannst diese Power jederzeit zu dir zurückholen und neu wählen. Ich weiß, dass dies alles manchmal fast zu einfach klingt. Doch du könntest dir ja ab jetzt den neuen Gedanken erlauben: »Darf es ab heute einfach sein?«

Du lebst, wortwörtlich, in einem Universum der unendlichen Möglichkeiten. Deine Gedanken (vor allem die, denen du Bedeutung verleihst) wirken wie Schlüssel. Sie verschließen und sie öffnen Möglichkeiten. Du kannst damit arbeiten: Wo ziehst du die gedankliche Grenze zwischen möglich und unmöglich? Und bist du dir da so sicher? Willst du recht haben oder glücklich sein?

DER SCHWERPUNKT
DEINER KONTROLLE

Wenn du an dein Leben denkst, wer oder was bestimmt maßgeblich darüber? Wo siehst und fühlst du den Schwerpunkt der Kontrolle[1]? Im Außen? Das heißt, du erlebst die Dinge so, als wenn sie dir bloß passieren und andere beziehungsweise das Schicksal bestimmen. Oder in dir? Das heißt, du erlebst dich als maßgebliche*n Beeinflusser*in dessen, was geschieht? Natürlich gibt es da selten ein eindeutiges Schwarz oder Weiß. Doch wo liegt hauptsächlich der von dir erfahrene Schwerpunkt? Diese Perspektive hat einen extremen Einfluss auf dein Wohlbefinden und deine Wirksamkeit. Du musst allerdings ehrlich sein. Denn es kann durchaus sein, dass du dies intellektuell zwar verstanden hast, doch die Realität sieht anders aus. Wenn du zum Beispiel denkst: »Mein Ehemann macht mich wütend«, wo ist dann der Schwerpunkt der Kontrolle? Hah, erwischt! Wo ist er, wenn du denkst: »Die Regierung ist schuld daran, dass ich ...« oder: »Weil ich zu wenig Geld habe, kann ich mein Traumprojekt nicht verwirklichen«? Wo ist in diesen Fällen die Kontrolle? Genau. Draußen, bei deinem Mann, bei der Regierung, beim Geld ... Es geht blitzschnell und schon hat das schöpferische Genie

---

1 Das Konzept vom Schwerpunkt der Kontrolle wurde 1954 von dem amerikanischen Psychologen Julian B. Rotter entwickelt.

in dir seine Macht auf einer fremden Baustelle deponiert und fühlt sich hilflos.

Da die meisten Menschen so denken und sprechen, fühlt es sich normal an. Es mag die Norm sein, doch Sinn ergibt es nicht. Erst wenn du dich fragst: »Wie kann *ich* diese Situation meistern und beeinflussen?«, wirst du den Schwerpunkt der Kontrolle in dir finden und deine Macht zurückgewinnen.

Du allein entscheidest über die Macht deiner Gedanken.

Wirkliche Power hat derjenige, der lernt, glücklich zu sein, egal was im Außen passiert. Bevor du jetzt denkst: »Das ist doch gar nicht möglich!«, erinnere dich daran, was ein Wunder ist: etwas, was du im Augenblick nicht für möglich hältst. Ha!

Die Frage ist: Willst du recht behalten oder dich für das Wunder öffnen? Wenn du wählst, die Kontrolle vollständig zu dir zurückzuholen, wirst du

A. lebendige Beispiele für Menschen finden, die das geschafft haben;

B. Methoden und Mentor*innen finden, die dir dabei helfen.

Leuchtet ein, oder?

CHALLENGE:
Stopfe deine Kraftlecks

Jeder von uns hat seine eigenen Kraftlecks, also Bereiche, in denen wir typischerweise die Kontrolle ans Außen abgeben und dadurch unsere schöpferische Power verlieren. Das ist nicht schlimm, sondern menschlich. Aber wenn wir uns dessen nicht bewusst werden, ändert sich nichts und der Schwerpunkt der Kontrolle bleibt weiterhin außerhalb von uns. Deshalb ist dies ein guter Moment, um deine Lecks zu stopfen!

Überlege dir drei Situationen, in denen du schnell und fast reflexartig die Kontrolle über dein Leben nach außen verlagerst. Vielleicht gehörst du zu den Menschen, die zum Arzt gehen und hoffen, dass er ihnen sagt, wie sie sich fühlen. Vielleicht erwartest du bei Konflikten in deiner Partnerschaft, dass dein Gegenüber das Problem anspricht, und wenn er das nicht tut, dann leidest du still und leise vor dich hin.

Sei ehrlich. Wenn du deine typischen Kraftlecks identifiziert hast, visualisiere die jeweilige Situation und sage laut und bestimmt: »Ich hole in diesem Bereich die Kontrolle zu mir zurück.« Du musst noch gar nicht wissen, wie. Allein durch deine bewusste Absicht wird sich etwas verändern.

Part 3
Im Universum der unendlich vielen Möglichkeiten

Anerkennen, was ist, und Verantwortung für dein Erschaffen der Wirklichkeit zu übernehmen sind zwei wesentliche Elemente in der Kunst des Wunderns. Sie helfen dir zu erkennen, wo du stehst, und dir bewusst zu machen, dass du in jeder Sekunde deines Lebens gravierend mehr Gestaltungsspielraum hast, als du bisher dachtest. Diesen kannst du jedoch nur wirksam nutzen, wenn du dich für das Universum der unendlich vielen Möglichkeiten öffnest.

Wunder sind eine sanfte Revolution, keine angestrengte. Um Wunder immer mehr und deutlicher wahrzunehmen, musst du nicht hart an dir arbeiten und erst ein besserer Mensch werden. Alles, was du brauchst, ist deine angeborene Fähigkeit zu *staunen*.

Wenn du wissen willst, was mit Staunen gemeint ist, beobachte ein kleines Kind. Es ist noch nicht angepasst. Es hat einen anderen Blick als Erwachsene. Offen, nichtwissend, neugierig. Für das Kind ist alles ein Wunder und nichts scheint unmöglich. Erwachsenwerden bedeutet dann leider für die meisten von uns, »vernünftig« zu werden und nur noch eine schmale Bandbreite an Möglichkeiten zu sehen und zu nutzen.

Staunen bedeutet eine wache Offenheit gegenüber all den Möglichkeiten, die das Universum in jedem Augenblick für dich bereithält. Staunen entspringt der Demut zu wissen, dass du nie weißt, was alles möglich ist. Das urteilende, wissende Sehen schränkt unseren Blick auf einen schmalen Korridor an Optionen ein. Staunen begegnet jedem Augenblick neu und öffnet dich für eine große Bandbreite an Optionen. Staunen ist keine kindlich-naive Träumerei, sondern basiert auf der nüchternen, wissenschaftlich fundierten Erkenntnis, dass …

A. …unser gegenwärtiges Wissen immer nur einen klitzekleinen Bereich der Wirklichkeit abdeckt;

B. …wir in einem Universum unermesslicher Energie leben, das ständig neue Möglichkeiten kreiert.

Um es konkret zu machen: Denke an irgendein Problem, in dem du dich als festgefahren erlebst. Warum? Weil du verbissen versuchst, das Problem mit den drei Lösungswegen zu lösen, die du kennst. Doch jetzt gerade existieren Tausende anderer Möglichkeiten, direkt vor deiner Nase. Aber du kannst sie nicht wahrnehmen, wenn du nicht staunst.

Bevor wir Wunder überhaupt wahrnehmen können, braucht es eine radikale Umkehr im Geist. Was ist damit gemeint? Wir müssen unseren Geist von unseren arroganten Vorstellungen über das Mögliche und Unmögliche befreien. Sei bereit zuzugeben, dass du einfach viel zu wenig weißt, um bestimmen zu können, was möglich und was unmöglich ist. Lass dein Rechthaben los, dann fällt die Anstrengung von dir ab und du beginnst wieder zu staunen.

DEMUT
UND
ARROGANZ

Wir haben das Ganze allerdings ein bisschen durcheinanderbekommen. So sagen Leute, die sich bescheiden geben wollen: »Ich weiß, das ist nicht möglich. Ich verzichte auf große Träume, denn sonst nehme ich den anderen etwas weg.« Was für ein trauriger Irrtum! So etwas zu sagen ist weder bescheiden noch altruistisch. Im Grunde ist es genau das Gegenteil: Jedes Mal, wenn du glaubst, dass etwas nicht möglich ist, bist du arrogant. Pessimisten und Zyniker, die behaupten: »Die Welt geht unter; die Menschheit begreift es einfach nicht«, sind arrogant. Sie maßen sich an zu denken, sie wüssten, was möglich ist und was nicht. Dabei wissen wir nie genug, um uns den Luxus von Pessimismus leisten zu können.

Unsere Eltern sind oft arrogant gewesen. Anstatt von uns Kindern wieder staunen zu lernen, haben sie im Namen der Liebe ihre geistigen Grenzen an uns weitergegeben. Vielen Dank auch!

Bitte mach dir klar: Immer wenn du behauptest, etwas würde nicht gehen, legst du dich mit einem riesigen Universum unendlich vieler Möglichkeiten an. Natürlich kannst du weiter darauf bestehen, recht zu behalten, und weil du so mächtig bist, wirst du das auch. Doch einmal muss es liebevoll, nur unter uns, gesagt werden: »Dude, du machst dich ganz schön lächerlich, wenn du an deinem *Unmöglich* festhältst.«

Natürliche Demut entspringt dem Wissen: Ich weiß, dass ich nichts weiß. Doch eines ist sicher: Ich lebe in einem Universum, in dem permanent neue Möglichkeiten (Wunder) erschaffen werden. Um keine Missverständnisse aufkommen zu lassen: Ich achte Wissenschaft und halte sie für extrem wertvoll. Ich freue mich jedes Mal, wenn sie den Horizont unseres Verständnisses wieder etwas erweitert.

Staunen öffnet dich für so viel mehr Möglichkeiten. Überall Möglichkeiten zu erkennen ist das Tor zu anstrengungsfreiem Wachstum und nachhaltigem Glück.

Doch ein Blick nachts hoch zu den Sternen erinnert mich daran, wie winzig dieser Horizont tatsächlich ist und sehr wahrscheinlich immer bleiben wird. Und egal, wie viel wir mittlerweile biochemisch, neurowissenschaftlich, psychologisch ... erklären können – für mich bleibt unsere pure Existenz ein Wunder. Dein nächster Atemzug, dein Herzschlag, deine Fähigkeit, über die hier geschriebenen Worte nachzudenken und ihnen deine ureigene Bedeutung zu verleihen ... – du kannst mir alle darüber bekannten Fakten auflisten und doch bleibst du für mich ein Wunder. Fähig, im nächsten Augenblick eine Möglichkeit zu erschaffen, die davor nicht existierte. Ich kenne *die* Wahrheit nicht. Aber in einem bin ich mir ganz sicher: Nichts ist zu gut, um wahr zu sein. Alles ist möglich.

MÖGLICH VERSUS UNMÖGLICH

Vielleicht möchtest du an dieser Stelle immer noch einwenden: »Aber Veit, es ist doch ganz offensichtlich nicht alles möglich. Du und ich, wir können zum Beispiel nicht so fliegen wie die Vögel. Wir haben keine Flügel, mit denen wir einfach abheben können.« Berechtigter Punkt. Bitte lass uns deshalb bezüglich »möglich« genau differenzieren. Zum einen müssen wir nicht alles selbst möglich machen. Es stimmt, ich kann in diesem Moment keine Schwingen ausbreiten und losfliegen – das kann ich mit Sicherheit nicht. Aber ich kann in ein Flugzeug steigen und auf diese Weise in der Luft schweben. Es wird so vieles möglich, wenn wir uns in unseren kühnen Träumen mit anderen Menschen verbinden. Vor 150 Jahren hätte noch niemand von uns fliegen können, aber einige Menschen waren nicht bereit, dieses *Unmöglich* zu akzeptieren. Ihren verrückten Gedanken und mutigen Handlungen haben wir es zu verdanken, dass wir nun alle den Himmel erobern können. Etwas möglich zu machen bedeutet auch, flexibel darin zu bleiben, *wie* es möglich wird. Wenn diese Menschen damals darauf gewartet hätten, dass ihnen Federn wachsen, würden wir sie noch heute für ihren aberwitzigen Traum belächeln. (Obwohl, wer weiß ...)

Deswegen glaube ich daran, dass prinzipiell alles möglich ist. Andererseits glaube ich nicht, dass wir alles auf die von uns *erwartete* Weise erzwingen können. Ich hatte mal eine Klientin, die total besessen von dem Gedanken war, dass der Hollywoodschauspieler Orlando Bloom ihr Seelenpartner sei. Sie belegte bei mir alle Partnerschaftskurse, immer mit dem gleichen Ziel: Orlando Bloom. Vergebens. Es half überhaupt nichts, wenn ich zu ihr sagte: »Der ist doch verheiratet. Guck mal, jetzt hat er sogar ein Kind.« Hat alles nichts genützt, die Frau war auf Orlando Bloom fixiert und hat dadurch natürlich sehr gelitten. Deshalb ist es wichtig, dass du verstehst: Wunder, so wie ich sie dir hier nahebringe, sind keine narzisstische Selbstbefriedigung für unsere Egos. Du musst bereit sein, das *Wie* dem Leben zu überlassen. Sie sind auch keine geheime Magie, mit der du andere Menschen dahingehend manipulieren kannst, dass sie dir alle deine Wünsche erfüllen. Wenn du dir ein gemeinsames Wunder mit einem bestimmten Menschen wünschst, dann bezieh diesen Menschen unbedingt mit ein. Wenn ihr euch beide in einem Anliegen verbindet, könnt ihr Berge versetzen. Falls du jedoch feststellst, dass der andere im Grunde etwas ganz anderes will als du, dann lass diesen Menschen los und konzentriere dich auf die Essenz deines Wunsches – zum Beispiel eine erfüllte Liebesbeziehung. So öffnest du dich für genau den richtigen Partner.

STAUNEN BEDEUTET:

Wenn ich morgens aufstehe, weiß ich: Ich lebe in einer Welt der unbegrenzten Möglichkeiten.

Ich öffne mich voller Demut für diese Vielfalt.

Ich weiß, dass da draußen für all meine Herzenswünsche noch Tausende mir unbekannter Möglichkeiten auf Erfüllung warten. Ich bin bereit, einige davon heute zu entdecken.

Staunen ist *der* Augenöffner. Begreife jeden Tag als eine neue Chance. Sei bereit, heute etwas zu entdecken, was du gestern noch übersehen hattest. Konzentriere dich auf das von dir gewünschte Wunder und nicht auf das Wie. Dann werden immer mehr Dinge möglich, die du bis eben noch für unmöglich gehalten hast.

Ich möchte dir ein kurzes Beispiel aus meiner Jugend erzählen. Ich war ein leidenschaftlicher Langstreckenläufer. Ich lief regelmäßig zehn bis 15 Kilometer. Eines Tages – ich war damals 14 Jahre alt – fand ein Marathon in unserer Heimatstadt statt. Die Distanz von etwas mehr als 42 Kilometer war auf acht Runden verteilt. Ich beschloss, zwei Runden unangemeldet mitzurennen, einfach zum Training. Doch die Organisatoren verwechselten irgendetwas und als ich nach der ersten Runde durch die Zielgerade kam, rief mich der Sprecher als jüngsten Teilnehmer des Marathons aus. Ich war damals wie heute sehr ehrgeizig. In diesem Moment wusste ich einfach: »Ich kann nicht mehr aufhören. Ich mach das jetzt irgendwie möglich!« Also lief ich einfach immer weiter. Physiologisch gesehen war es, glaube ich, nicht besonders intelligent, aber es war ein starker geistiger Durchbruch. Es war einer der ersten sehr bewusst erfahrenen Momente in meinem Leben, in dem das Unmögliche möglich wurde. Und wenn du erst einmal einen solchen Moment erlebst, kannst du nicht mehr zurück. Du willst wissen, was noch geht. In welchen Bereichen deines Lebens spürst du das Brennen einer starken, unerfüllten Sehnsucht?

Letzten Endes stehen zwischen dir und ihrer Erfüllung nur zwei Sachen: eine imaginäre Linie zwischen möglich und unmöglich und dein Stolz, es unbedingt auf die dir bekannte Weise zu erfahren. (Habe ich dir schon gesagt, dass du dein Rechthaben loslassen musst?)

CHALLENGE:
Die magische Liste

Bist du bereit, deinen Geist zu dehnen? Okay, dann begib dich jetzt auf eine Reise an die imaginäre Grenze zwischen möglich und unmöglich. Nimm dir ein Blatt Papier, einen Bleistift und einen Radiergummi. Zieh in der Mitte des Blattes senkrecht einen Strich. Schreibe über die linke Seite »Möglich« und über die rechte »Unmöglich«. Notiere nun links drei Wünsche, die dir wichtig sind und die du für gut möglich hältst. Zum Beispiel: »Ich halte es für möglich, eine geniale Liebesbeziehung einzugehen.« Nimm dir Zeit. Erkunde das Reich des Möglichen und nenne drei Wünsche, die dir wichtig sind. Spüre in dich hinein. Wie fühlt es sich an, wenn du dir etwas wünschst, was du für möglich hältst?

Und nun geh einen Schritt weiter. Taste dich in den Bereich deiner Wünsche vor. Wie sieht es dort aus? Was wünschst du dir sehnlichst, hältst es aber nicht für möglich? Notiere auf der rechten Seite deines Blattes drei Wünsche, die du momentan nicht für möglich hältst. Wie fühlt es sich an, wenn du dir etwas wünschst, was du für unmöglich hältst? Schließe die Augen und atme ein paar Mal tief durch. Öffne die Augen. Schau auf die Linie in der Mitte und mach dir klar: Sie ist nur eine Linie in deinem Kopf. *Du* hast ihr Macht gegeben. Nimm jetzt den Radiergummi und rubbel langsam und genussvoll die Linie weg. Stell dir dabei vor, dass du das Gleiche in deinem Kopf machst.

DIE ZWEI MINDSETS

Mittlerweile ist dir klar, wie wichtig deine Einstellung in Bezug auf Wunder ist. Im Grunde genommen gibt es nur zwei geistige Grundhaltungen. Die amerikanische Psychologin Carol Dweck bezeichnete sie als »Fixes Mindset« und »Growth Mindset«, zu Deutsch Wachstums-Mindset. Ein Mindset ist mehr als ein einzelner Gedanke oder eine Vorstellung. Ein Mindset ist eine ganze Kombination aus Glaubenssätzen und Verhaltensregeln. Beide Mindsets sind als neuronale Netzwerke in uns angelegt, doch je nachdem, welches gerade aktiv ist, reagieren wir völlig unterschiedlich und erzielen andere Ergebnisse. Das fixe Mindset verhindert – wie du sicher ahnst – Wunder. Die meisten von uns sind noch mit dem Newtonschen Denkmodell groß geworden. In der Schule wurde uns beigebracht, dass das ganze Universum letzten Endes aus festen Formen und mehr oder weniger mechanischen Abläufen besteht. Der Glaube an starre, vorhersehbare Abläufe ist die Wurzel des fixen Mindsets. Wir nehmen auch uns selbst als eine feste Form wahr. »So war ich gestern. Also bin ich so auch heute.«

Wenn du die Welt aus dem fixen Mindset heraus betrachtest, hast du oft Stress mit all den unvorhersehbaren Überraschungen des Lebens und veränderst dich selbst nur langsam und zäh. Rechthaben gibt dir Sicherheit. Herausforderungen werden bloß widerwillig angenommen und nur mit viel Kraftaufwand gemeistert. Menschen mit einem stark aktivierten fixen Mindset wiederholen stetig ihre alten Überzeugungen: »So bin ich nun mal. Das kann ich nicht. Das geht nicht. So haben wir es immer gemacht.« Wer nicht lernt, das fixe Mindset loszulassen und das Wachstums-Mindset zu stärken, wird es in den kommenden Jahren extrem schwer haben. Die Welt wird sich immer schneller wandeln. Auf so vielen Ebenen gleichzeitig. Das wird hart, wenn du nicht bereit bist, deine Überzeugungen schnell, am besten täglich, zu hinterfragen und anzupassen. Die gute Nachricht ist: Auch das Wachstums-Mindset ist bereits in dir angelegt. Denn tief in dir weißt du, dass du keine feste Form, sondern ein lebendiger Prozess bist.

Wunderwerk lädt dich dazu ein, permanent dazuzulernen und deine Fähigkeiten zu erweitern.

Wenn du im Wachstums-Mindset bist, surfst du auf den Wellen des Lebens. hast du einen offenen, aktiven Zugang zur Welt. Du gehst konstruktiv, neugierig, ja sogar freudig erregt auf Herausforderungen zu. Statt zu denken: »Oh Mist! Jetzt ist schon wieder alles anders, ich hasse das«, sagst du dir: »Geil, was für eine spannende Situation!« Herausforderungen empfindest du als stimulierend. Du hast kein Problem mit Fehlern, denn für dich sind Fehler im Grunde genommen einfach Überraschungen. Solche Fehlerüberrraschungen betrachtest du nicht als Beweis dafür, dass wir Menschen dumm sind oder Loser, sondern als eine wundervolle Gelegenheit, etwas Neues dazuzulernen.

Im fixen Mindset reagierst du eher langsam und zäh auf die Welt. Die Dinge scheinen von außen auf dich zuzukommen und du reagierst relativ berechenbar. Wenn die Dinge gut laufen, freust du dich und fühlst dich sicher. Wenn sie schlecht oder auch bloß anders laufen als gewohnt, bereitet dir das großen Stress. Wunder erlebst du als etwas Zufälliges, auf das du keinen Einfluss hast. Die Linie zwischen Möglich und Unmöglich erscheint dir wie in Stein gemeißelt.

Das Wachstums-Mindset macht dich wesentlich kreativer und offener. Du lässt das Ufer des Bekannten los und wirst eins mit dem Fluss. Chaos ist eher etwas, das dich erregt, denn du weißt einfach, dass Chaos immer der Vorbote einer neuen, höheren Ordnung ist. Und Wunder passieren für dich ganz natürlich, am laufenden Band. Ein Beispiel, wie einfach du die Mindsets aktivieren kannst: Die Gedanken »Ich kann das nicht.« und »Das geht nicht.« aktivieren sofort das fixe Mindset. Gedanken wie »Ich konnte das bis jetzt nicht. Irgendwie geht es immer und ich werde die Lösung herausfinden.« fahren das Wachstums-Mindset hoch.

**Weite deinen Blick
und du wirst
Wunder erleben.**

ENTSCHEIDUNG VERSUS WAHL

Ob wir das fixe Mindset oder das Wachstums-Mindset aktivieren, hängt auch davon ab, ob wir *Entscheidungen* treffen oder *frei wählen*. Was ist der Unterschied? So, wie wir das Wort in unserer Arbeit verwenden, bedeutet »Entscheidung«, dass du bei deinen Wünschen immer auf das zurückgreifst, was du bereits kennst und deshalb für möglich hältst. Eine freie Wahl beinhaltet, an einem Wunsch dranzubleiben, auch wenn dir seine Erfüllung im Augenblick noch unmöglich erscheint.

Stell dir vor, in dir ploppt ein echter Herzenswunsch auf. Das fixe Mindset durchsucht nun sofort deine Erinnerungen nach bereits bekannten Lösungen. Wenn es keine findet, lässt es den Wunsch fallen: »Schade. Geht leider nicht.« Das Wachstums-Mindset hält am Wunsch fest und sagt: »Okay, die Lösung ist in meinem Kopf noch nicht vorhanden, aber irgendwo da draußen existiert sie bereits. Ich werde es möglich machen.«

Menschen, die *Entscheidungen* treffen, gehen viele Kompromisse ein, geben sehr schnell auf und bringen dann viel Energie auf, um ihren Kompromiss zu rechtfertigen. Menschen, die *Wahlen* treffen, jagen voller Passion das Unmögliche. Der Fortschritt der Menschheit wurde durch Wahlen vorangetrieben: die Bändigung des Feuers; Dampfmaschinen; Elektrizität; Flugzeuge; das Ende der Sklaverei; Weltrekorde jeder Art …

Es beginnt immer mit einem oder einer »Verrückten«, der oder die wählte, etwas möglich zu machen, was bis dahin noch nicht existierte. Eine Wahl entspringt deinem freien Genius, der keiner Überzeugung unterworfen ist. Sie speist ihre Kraft aus der Ahnung von etwas, das noch nicht existiert. Was willst du heute wählen – unabhängig davon, was dir deine derzeitige Realität erzählt? Schreib es auf.

»Ich wähle …

_____

_____

_____

_____.«

WAS UNS VON WUNDERN TRENNT – DIE VIER FILTER DER WIRKLICHKEIT

Wenn es stimmt, dass wir von Wundern und unendlich vielen Möglichkeiten umgeben sind, warum sehen wir sie dann so oft nicht? Es existieren vier Filter zwischen uns und der vollen Pracht der Wirklichkeit. Diese möchte ich dir in diesem Abschnitt kurz vorstellen. Die gute Nachricht ist: Du kannst jeden Filter fallen lassen und so deinen Blick für Wunder weiten.

DER ERSTE FILTER: DEINE SINNE

Der erste, offensichtliche Filter sind unsere physiologischen Sinne. Allein dadurch, dass wir in einem Körper leben, ist unsere Wahrnehmung begrenzt. Die Sinne sind bei allen Spezies sehr verschieden ausgeprägt. Wir wissen zum Beispiel, dass ein Habicht die Urinspur einer Maus aus tausend Metern Höhe erkennen kann. Oder nehmen wir den Geruchssinn des Aals: Wenn du in den Bodensee ein Tröpfchen Rosenparfum gibst, kann ein Aal es am anderen Ende des Sees riechen. Dagegen können wir Menschen einpacken. Das heißt, meine und deine Sinne sind begrenzt. Wir sehen, riechen und hören nur einen ganz bestimmten Ausschnitt der gesamten Bandbreite. Wir werden durch die Sinneskanäle wahrscheinlich nie alles mitbekommen.

Allerdings können wir unsere Sinne erheblich erweitern und verfeinern. Möchtest du eine der mächtigsten, bewusstseinsverändernden Techniken kennenlernen? Achtung! Hier kommt sie: Schlaf dich richtig aus.

Wenn du deinem Gehirn die erforderlichen sieben bis acht Stunden Regeneration pro Nacht bietest, bist du wesentlich offener für die Wunder des kommenden Tages. So einfach. Wenn du bestimmte Stoffe zu dir nimmst, die dein Bewusstsein trüben – etwa stark fettiges, salziges, schweres Essen oder übermäßig Alkohol –, stumpfen deine Sinne ab. Das ist kein Hokuspokus, das kann man messen. Zum Beispiel ist nachgewiesen, dass bei starken Rauchern die Geruchsnerven abstumpfen. Im Umkehrschluss bedeutet dies: Wir können hier an mehreren Schräubchen drehen. Wir können dafür sorgen, dass unser Körpersystem optimal funktioniert. Die wissenschaftlichen Erkenntnisse der letzten zehn bis zwanzig Jahre, insbesondere im Bereich des Biohacking, zeigen noch ganz viel Luft nach oben. So können wir über bestimmte Substanzen, die wir ausgewählt zu uns nehmen, unsere Sinne verfeinern. Ich rede hier nicht von Drogen, sondern ganz banal davon, ausreichend Wasser zu trinken. Oder grünen Tee beziehungsweise Kaffee in Maßen. Alles, was deinen Körper dabei unterstützt, wach zu sein und optimal zu funktionieren, macht diesen Filter durchlässiger. Atemarbeit, Yoga und Meditation sind enorm hilfreich. Du siehst, du kannst auf eine sehr bodenständige Weise dafür sorgen, dass du die Wunder um dich herum stärker wahrnimmst. Mein Tipp: Schau dir auf homodea.com den Kurs **frühlingswerk** an. Er wirkt wie ein Jungbrunnnen für Körper, Geist und Seele. Ich selbst führe ihn einmal im Jahr durch.

DER ZWEITE FILTER:
DIE FREQUENZ
DEINES BEWUSSTSEINS

Der zweite, sehr mächtige Filter ist die Frequenz, auf der sich dein Bewusstsein aktuell befindet. Ich stelle sie dir kurz vor. Die niedrigsten Frequenzen sind Schuld und Scham, die höchsten Frieden und Freude. Oft erleben wir an einem lebendigen Tag mehrere dieser Frequenzen, doch unser Leben hat auch einen aktuellen Schwerpunkt – die Frequenz, auf der wir uns innerlich oft befinden. Stell dir vor, dein Körper-Geist ist ein Radio. Je nachdem, auf welche Frequenz du gerade eingestellt bist, erfährst du ein und dieselbe Situation sehr verschieden. Im Zustand der Trauer erscheint dir die ganze Welt grau. In der Wut erlebst du alles als Kampf. Je höher die Frequenz, desto mehr Wunder nimmst du wahr. Frequenzen sind auf subtile Weise allgegenwärtig. So beeinflusst jedes Gespräch, das du führst, die Frequenz, auf der du dich gerade befindest. Kennst du sicher. Du unterhältst dich mit einem Freund, der richtig gut drauf ist, und merkst, wie du selbst anfängst zu lächeln. Oder du siehst dir einen guten Kinofilm an, der Hoffnung vermittelt, und wenn du aus dem Kino rausgehst, weißt du einfach: Es ist so viel mehr möglich. Wo kommt das her? Deine Frequenz ist gestiegen. Das Gleiche passiert, wenn du dich innerlich ein bisschen damit beschäftigst, was du heute alles gut gemacht hast, anstatt ständig in deinen Misserfolgen zu wühlen. Deine Frequenz steigt und du weißt automatisch, dass morgen noch mehr möglich ist.

Umgekehrt ist es natürlich genauso. Wenn du einen Riesenbockmist verzapft hast und dich gerade so richtig schuldig fühlst, entdeckst du nirgendwo Wunder. Dann schaust du in den Spiegel und siehst bloß

Frieden

Freude | Liebe

Vertrauen | Dankbarkeit

Optimismus | Hingabe

Mut | Integrität

Zufriedenheit

Langweile | Neutralität

Stolz | Arroganz

Wut | Ärger

Gier | Neid | Groll

Angst | Zweifel

Kummer | Apathie

Schuld | Scham

Positive
Energie

Neutral

Negative
Energie

einen Fehler. Ein Mensch, der gerade auf der Frequenz einer Depression ist, kann die Wunder des Lebens nicht wahrnehmen. Wenn jemand zu ihm sagt: »Das Leben ist schön«, ist das für ihn nichts als Hohn. Für ihn gibt es gerade keine Wunder. Das heißt, die Frequenz, auf der du dich befindest, entscheidet maßgeblich darüber, ob und wie viele Wunder du wahrnimmst. Je höher deine Bewusstseinsfrequenz, desto mehr Wunder erfährst du. Sie waren die ganze Zeit da, doch jetzt kannst du sie erst sehen.

Im Flow erreichst du mit wesentlich weniger Anstrengung wesentlich mehr.

Vielleicht hast du schon mal ein Foto oder ein Video eines Heiligen gesehen und vielleicht ist dir dabei aufgefallen, dass diese Menschen permanent, offenbar grundlos und glückselig lächeln. Dabei haben viele der Heiligen, etwa in Indien, ein nach unseren Maßstäben furchtbar armes Leben geführt, sie besaßen nichts und lebten quasi im Dreck. Doch wenn du Bilder von Ramana Maharshi siehst, scheint der sich die ganze Zeit in einem absoluten Glückszustand zu befinden. Kein Handy, keine Liebesbeziehung, kein Geld, nicht mal warmes Wasser. Doch er sitzt einfach nur da und lächelt. Was ist da los? Nimmt er Drogen? Nein. Sein Geist war in einer sehr hohen Bewusstseinsfrequenz verankert. Wer dort ankommt, sieht das Wunder überall. Aber wir müssen keine Heiligen werden, um im Flow zu sein – dem fünften Baustein unserer Wunderformel. Flow ist ein Zustand von Gegenwärtigkeit, vollkommener Zufriedenheit und dem temporären Verschwinden unseres Egos. Also eine sehr hohe Frequenz des Bewusstseins. Sie steht jedem Menschen offen und ist *die* Ausgangsbasis, um Wunder zu empfangen.

Was also ist Flow? Flow bezeichnet einen Bewusstseinszustand, in dem sich Leichtigkeit und Intensität aufs Schönste miteinander verbinden. Vielleicht klingt das für dich paradox, da wir allgemein dazu neigen zu glauben, Intensität habe etwas mit Anstrengung zu tun. Irrtum. Ich kann es gar nicht oft genug sagen: Wunder erreichst du nicht dadurch, dass du dich anstrengst, sondern indem du dich für sie öffnest. Und wenn du im Flow bist, geschieht das ganz von allein. Nicht umsonst bedeutet Flow wörtlich übersetzt »fließen«. Flow ist jener Zustand der Mühelosigkeit, in dem du eins bist mit dir und der Welt. Ganz im Moment gegenwärtig, fällt es dir leicht, dich in eine Tätigkeit oder einen Gedanken zu vertiefen, ohne dabei den Kontakt zu dir selbst zu verlieren. Die Zeit scheint nicht zu existieren, Glücksgefühle stellen sich ein. Du verzichtest auf dein Rechthaben, bist ganz offen, ganz weit, ganz fließend, ganz da. Und vor allem: Flow erschließt einen Bewusstseinszustand, in dem sich die Grenze zwischen dem Möglichen und dem Unmöglichen auflöst. Du denkst einfach nicht mehr drüber nach und plötzlich vollbringst du Wunder. Ich möchte dich einladen, so oft es geht in einen Flowzustand zu kommen. Das kann auf vielfältige Weise geschehen. Beim Tanzen, Joggen, Malen, Schreiben ... Es würde den Rahmen dieses Buches sprengen, doch du findest im Anhang weiterführende Literatur zum Thema Flow. Außerdem findest du auf homodea sehr viele Kurse, die Flowzustände kultivieren. Glaub mir, egal wie alt du bist, es lohnt sich, sich mit Flow zu beschäftigen. Dieser wohltuende, höchst inspirierende Zustand steht jedem von uns offen.

Übrigens ist eine der einfachsten Arten, wie du jederzeit deine Frequenz signifikant anheben kannst, Dankbarkeit. Egal, wie dein Leben gerade verläuft – wenn du genau hinschaust, gibt es immer Dinge, für die du dankbar sein kannst: Sicherheit, Wärme, etwas zu essen, eine liebe Freundin und so weiter. Und an dieser Stelle ist es wirklich legitim, mal kurz an Menschen zu denken, die all das nicht haben. Einfach damit du deinen Blick dafür öffnest, wie viele Wunder du gerade ganz selbstverständlich erlebst. Denk zum Beispiel an all die Flüchtlinge, die wochenlang zu Fuß unterwegs sind, im Schlamm kampieren müssen und keine ärztliche Versorgung haben. Wie reich sind wir beide im Vergleich dazu.

FLOW BEDEUTET:

Flow ist der Zustand, in dem sich mein Körper und mein Geist dehnen.
Mein Körper und mein Geist sind offen, empfänglich.
Ich bin leicht, fließend, ganz präsent im Moment.
Ich entspanne mein Ego.
Ich bin im Einklang mit mir und der Welt.
Ich bin bereit für ein Wunder.

Wenn ich dir nur einen einzigen Rat aus diesem Buch mitgeben dürfte, dann wäre es der: Praktiziere täglich Dankbarkeit für das, was du hast. Liste jeden Tag mindestens zwanzig Wunder auf, die in deinem Leben existieren. Dankbarkeit hebt deine Frequenz sofort an und öffnet deinen Blick wertschätzend für Wunder.

Das erzeugt eine Aufwärtsspirale. Denn je dankbarer du bist, desto mehr Wunder ziehst du an.

CHALLENGE:
Dein tägliches Dankbarkeitsritual

Gönne dir drei Wochen lang eine Dankbarkeitskur und achte darauf, was das mit dir macht: Schau jeden Abend vor dem Einschlafen auf deinen Tag zurück und benenne für dich zehn bis zwanzig Dinge, die du heute erlebt hast, für die du dankbar bist. Vielleicht hat die Sonne geschienen und du konntest sie fünf Minuten auf einer Bank sitzend genießen. Vielleicht haben du und dein Nachbar über irgendeine Sache gemeinsam herzlich gelacht. Es muss nichts Großes oder Bedeutsames sein, wofür du dankbar bist. Genauso halte morgens vor dem Aufstehen einen Moment inne und überlege dir, welche Dinge der Tag bringen wird, für die du dankbar bist. Wichtig ist, dass du die Dankbarkeit jeweils wirklich fühlst. Es geht nicht darum, rational zu überlegen, was dir einen Grund für Dankbarkeit liefert, sondern darum, dich mit den Ereignissen innerlich zu verbinden. Öffne dein Herz und deine Sinne. Du wirst sehen, wie du dadurch innerlich genährt wirst und immer mehr Dinge entdeckst, wofür du jeden einzelnen Tag dankbar sein kannst.

Die erfolgreichsten Leute, die ich kenne, sind nicht die talentiertesten, sondern es sind alles Menschen, die wissen, wie sie ihren Geist willentlich in eine hohe Frequenz versetzen und dort halten können. Wenn zu mir Menschen kommen, die zum Thema Erfolg gecoacht werden wollen, kann ich mittlerweile relativ genau vorhersagen, wer wahrscheinlich langfristig und nachhaltig Erfolg haben und wer zu kämpfen haben wird. Es ist nicht das Talent. Jemand kann noch so talentiert sein – wenn er von Anfang an sehr undankbar ist und ständig am Leben herummeckert, wird es schwierig. Daneben gibt es Menschen, die ganz wenig haben, aber unglaublich dankbar sind. Sie werden jede kleine Chance wertschätzen und ergreifen. Und selbst wenn es mal nicht so gut läuft, werden sie Gründe finden, sich wohlzufühlen. Dankbarkeit ist wirklich Thermik unter deinen Flügeln. Da geht die Post ab.

DER DRITTE FILTER: GLAUBE

Der dritte Filter ist dein Glaube. Er ist extrem powervoll. Wir haben uns bereits mit dem Glauben beschäftigt, aber nun wollen wir das vertiefen.

Ein Glaube ist ein Gedanke, den du denkst. Im Grunde ist dieser Gedanke nur ein bildhaftes Symbol in deinem Geist. Wenn du jetzt zum Beispiel das Wort »Liebe« denkst, hörst du es vielleicht innerlich oder siehst die Buchstaben als Bild vor deinem inneren Auge. Für einen Chinesen hätten sie erst einmal gar keine Bedeutung, für dich hingegen bedeutet dieses Wort etwas. Jeder einzelne Gedanke – *du, böse, richtig, falsch, Liebe, Dunkelheit* – ist zunächst nur ein Bild. Für sich allein genommen kraftlos, bis du es mit Bedeutung auflädst.

Dieses Bild taucht in deinem Bewusstsein auf – ein fast magischer Vorgang, den wir bis heute nicht wirklich erklären können.

Die Festplatte deines Bewusstseins ist zu Beginn deines Lebens vollkommen blank. Mit der Zeit füllt sie sich mit Gedanken und Glaubenssätzen. Sie alle sind verbunden mit persönlichen Erfahrungen und Schlussfolgerungen. Am Anfang stand meist eine Autoritätsperson, der du vertraut hast, etwa deine Mutter oder dein Vater, die dir ihre Glaubenssätze angeboten haben. Als Kind hattest du keine Chance, ihren Wahrheitsgehalt zu überprüfen. Du hast vertraut. Hörtest du diesen Satz öfter, hast du angefangen, ihn zu wiederholen und zu verinnerlichen. Irgendwann wurde der Satz zu einer von dir akzeptierten Realität.

Kein Glaube ist an sich wahr. Er besteht aus Wörtern, die du mit einer Bedeutung auflädst.

Aber das funktioniert so nicht nur in der Kindheit, sondern auch im Erwachsenenleben. Wir bilden unser ganzes Leben lang Glaubenssätze aus, die unsere Realität prägen. Ich wette, du hast in deinem Bekanntenkreis oder in deiner Familie jemanden, der beschlossen hat, dass er ein Opfer ist und dass das Leben ungerecht ist. Dann kannst du Hilfe anbieten, so viel du willst. Er macht immer wieder die Erfahrung, dass das Leben ungerecht zu ihm ist. Er bleibt ein Opfer. Daneben gibt es Menschen, die glauben, dass das Leben gut ist. Selbst wenn sie in der tiefsten Krise stecken, holen sie da noch Gold heraus, so powervoll ist ihr Glaube.

Aus dem bisher Gesagten wird deutlich: Kein Glaube kann an sich wahr sein. Warum? Weil jeder Glaube aus bildhaften Symbolen besteht. Und weil die absolute Wirklichkeit zu groß ist, um in Worten eingefangen zu werden. Wenn du zum Beispiel denkst: »Ich bin gut«, sind das erst einmal nur drei Worte. Diese Worte werden niemals deine umfassende kosmische Identität beschreiben können, sondern sie reduzieren die absolute Wahrheit auf eine kleine, für deinen Verstand greifbare Version. Somit ist kein Glaube im absoluten Sinne wahr. Doch er wirkt wie ein Filter. Du kannst nur wahrnehmen, was du auch glaubst.

Wenn uns diese Zusammenhänge bewusst sind, können wir sie für uns nutzen. Wir können unsere Glaubenssätze ändern. Ich kann zum Beispiel jetzt zu dir sagen: »Du hast das Recht, jeden Morgen aufzustehen und den ganzen Tag komplett in Freude zu verbringen.« Vielleicht vertraust du mir ein bisschen und sagst: »Der Satz klingt gut. Ich habe das Recht, jeden Morgen aufzustehen und den ganzen Tag in Freude zu verbringen.« Das heißt, du öffnest dich für diesen Gedanken. Vielleicht ist es zunächst ein Gedanke, den du nicht wirklich glaubst, aber du fängst an, ihn zu wiederholen, bis er von dir als Realität akzeptiert wird. Bis du eines Morgens aufstehst und völlig selbstverständlich sagst: »Ja, ich habe das Recht, den ganzen Tag in Freude zu verbringen.« Dann wird es so sein. Denn wenn ein Gedanke diese Schwelle der Akzeptanz erst einmal passiert, fängt der beweisende Teil deines Bewusstseins an, dafür Beweise zu finden. Und da du ein schöpferisches Genie bist, findest du für jeden Satz, den du glaubst, Beweise. *Für jeden Satz.*

Wenn du glaubst, dass du nicht wertvoll bist, findest du dafür Beweise. Wenn du glaubst, dass du richtig clever bist, findest du dafür Beweise. Egal was – du findest immer Beweise. Denn der beweisende Teil deines Bewusstseins versteht, dass der Glaubenssatz für dich wichtig ist, und fängt an, ihn für dich zu untermauern. Wenn du beschlossen hast, etwas zu glauben, kann dich niemand davon abhalten.

Ich möchte dich einladen, dieses Wissen zu nutzen, um deine Überzeugungen ab jetzt achtsamer und auch kraftvoller zu wählen. Welchen alten Glauben möchtest du verabschieden, indem du ihm keine Energie mehr gibst? Was möchtest du neu glauben?

Es geht nicht um die Frage: Ist es in einem absoluten Sinne wahr? Sondern um die Frage: Dient dieser Glaube mir und dem Wohle aller Menschen? Was für eine atemberaubende Freiheit. Du hast die Wahl. Was möchtest du glauben? Und so wird es sein.

Unbewusste Glaubenssätze

Die große Herausforderung bei der Arbeit mit Glaubenssätzen sind diejenigen Sätze, die tief in deinem Unterbewusstsein vergraben sind. Sie sind so oft von dir wiederholt worden – vielleicht sind sie auch für dein Selbstbild peinlich –, dass du sie ins Unterbewusste verdrängt hast. Du denkst sie nicht mehr bewusst, doch aus dem Untergrund wirken sie sogar noch machtvoller.

Viele unserer stärksten Glaubenssätze stammen aus einer Zeit, in der wir erst begannen, Gedanken zu formulieren. Sie sind ganz tief in unserer geistigen DNA verwurzelt. Andere verdrängen wir, weil sie nicht zu unserem Selbstbild passen. Etwa rassistische, trennende, rachsüchtige Glaubenssätze.

Ein Beispiel. Die meisten Frauen, mit denen ich über Beziehungen zu Männern gesprochen habe, sind erst einmal von sich überzeugt, dass sie wohlwollend, liebevoll und sehr offen für Beziehungen sind. Doch bei genauerer Betrachtung entdecken sie in sich häufig eine subtile Verachtung dem männlichen Geschlecht gegenüber. Ich meine, wen wundert's – nach all dem, was sie in 10 000 Jahren Patriarchat kollektiv und in Begegnungen mit ihren Vätern, Onkeln, Brüdern individuell erlebt haben? Doch diese negativen Glaubenssätze wie »Ich verachte Männer«, »Männer sind Schlappschwänze«, »Im entscheidenden Augenblick lassen sie dich im Stich« und so weiter und so weiter passen natürlich nicht zur netten Fassade. Also werden sie unterdrückt. Doch nun wirken sie aus dem Untergrund und sorgen mit dafür, dass du als Frau die Erfahrung machst, dass du keine oder nur wenige Männer triffst, die du wirklich achten kannst. Erst wenn das verborgene Glaubensmuster aufgedeckt, anerkannt und entkräftet wird, kann sich langfristig eine signifikant andere Realität manifestieren.

Wunder ordnen unsere Weltsicht neu.

Oder du hast tief in dir den Glaubenssatz implementiert: »So wie ich eigentlich bin, bin ich nicht wertvoll.« Wo kommen solche Sätze her? Kinder bekommen manchmal Dutzende bis Hunderte Male am Tag verbal und nonverbal die Botschaft vermittelt, dass mit ihnen etwas nicht stimmt. Da reicht schon ein genervtes Augenverdrehen oder ein Schimpfen der Eltern. Wenn so ein Glaubenssatz unreflektiert aus der Tiefe heraus wirkt, werden wir immer wieder in Situationen landen, in denen wir uns nicht ausreichend gewertschätzt fühlen, oder wir machen uns selbst runter. Aber noch einmal: Das ist nicht *die* Realität. Es ist *deine* Realität, basierend auf unbewussten Glaubenssätzen. Sie lässt sich ändern, wenn du deren Wurzel offenlegst.

Wenn du deinen Glaubensfiltern auf die Spur kommen willst, ist es auf der einen Seite wichtig, dich damit auseinanderzusetzen, woran du bewusst glaubst. Lausche dafür achtsam deinem täglichen Selbstgespräch. Das verrät bereits viel. Auf der anderen Seite solltest du dir genau anschauen, welche Muster sich immer wieder in deiner Realität zeigen. Welche ähnlichen Ereignisse wiederholen sich in der Beziehung zu dir selbst, zu anderen, in deinem Beruf, im Umgang mit Geld oder Gesundheit immer wieder? Versuche aus dem Verlauf deines Lebens auf mögliche Glaubenssätze zu schließen.

Die drei Netzwerke

Jetzt kommen wir zu der vielleicht spannendsten Frage: Wie kriegen wir den Mist wieder aus unserem Bewusstsein? Die schlechte Nachricht vorweg: All die Methoden, die versprechen, dass du einen Glaubenssatz mit Klopfen oder magischen Ritualen auf der Stelle loswirst, kannst du vergessen. Auch wenn das natürlich auch nur ein Glaubenssatz ist. Wenn du einen schnell wirkenden und lang anhaltenden Trick findest, lass ich mich gern eines Besseren belehren. Ich habe sie alle ausprobiert und kann nur sagen: Bei mir haben sie nicht funktioniert. Zumindest nicht dauerhaft.

Das ergibt auch wissenschaftlich gesehen Sinn. Lass mich das in Ruhe erklären. Ein Glaube ist, wie wir gesehen haben, ein bildliches Symbol. Dieses bildliche Symbol wird in deinem Gehirn von deinem neuronalen Netzwerk abgebildet. Wenn du einen Gedanken immer wieder denkst und dabei auch noch eine intensive Energie fühlst, wird der Glaubenssatz als ein Muster fest in deinem Netzwerk abgespeichert und im Laufe der Zeit, mit jeder Wiederholung beziehungsweise mit jeder Bestätigung durch die Ereignisse, immer tiefer verankert.

Sagen wir, du machst einmal die Erfahrung: »Ich habe mich geöffnet und ich wurde verletzt.« Bam! Schmerz! Bild! Gedanke! Beim nächsten Mal, wenn es wieder passiert, denkst du dir: »Ha! Hab ich's doch gewusst. Immer wenn ich mich öffne, werde ich verletzt.« Bam! Noch tiefer! Daraus entsteht in deinem Gehirn eine reale Vernetzung deiner Neuronen. Sehr, sehr vereinfacht: Immer wenn Situationen auftauchen, die entfernt dem Initialerlebnis entsprechen, werden dieselben neuronalen Strukturen aktiviert. Der Strom fließt zwischen deinen Neuronen in dieselbe Richtung. Du kreierst die gleichen Gedanken, Gefühle und Handlungen. Mit jeder bestätigenden Erfahrung (»Wusste ich es doch!«) wird das Muster verstärkt. Erschwerend kommt hinzu, dass meist nicht nur dein persönliches neuronales Netzwerk aktiv ist. Weil wir Herdenwesen sind, umgeben wir uns in der Regel mit Menschen, die ein ähnliches Mindset haben wie wir beziehungsweise unsere Muster perfekt bedienen. Auch wenn dies zu neurotischen, co-abhängigen Beziehungen führt – für unser Gehirn bedeutet es absurderweise Sicherheit.

Du denkst und sagst: »Alles ist totaler Mist«, deine Freundin nickt sagt: »Ja, du hast recht, alles ist totaler Mist.« So kreiert ihr einen

Feedback-Loop, ein soziales Netzwerk, das euer Gehirn beruhigt: »Alles okay. Die anderen sehen es genauso.«

Deswegen wirkt es sich so verheerend auf die Entwicklung von Kindern aus, wenn sie in einer Umgebung aufwachsen, in der nicht an sie geglaubt wird oder in der sie ständig als schwarzes Schaf abgestempelt werden. Das Umfeld gibt dem Kind immer dann starkes Feedback, wenn es einen Fehler begeht, und irgendwann fängt es an, das selbst zu glauben. Es entwickelt Verhaltensweisen, die immer wieder starke Reaktionen hervorrufen. So verwurzelt sich der Glaube: »Ich bin nicht okay!« immer mehr im neuronalen und sozialen Netzwerk des Kindes.

Viele Menschen, die aus solch destruktiven Strukturen ausbrechen wollen, erleben, wie machtvoll sich das alte soziale Netzwerk dem entgegenstellen kann. Auf ihre Bemühungen, sich positiv zu verändern, reagieren die »Freunde« leider nicht immer ermutigend, sondern oft zweifelnd und skeptisch: »Was bildest du dir ein? Komm mal schön wieder zurück.« Der Versuch eines Einzelnen, in seinem Leben etwas positiv und signifikant zu verändern (mehr Wunder zuzulassen), sorgt für Chaos im eingespielten sozialen Netzwerk und damit auch für Stress im Gehirn aller Beteiligten. Wenn wir dies nicht verstehen, wird aus einer sogenannten Freundschaft oder einer Familie schnell ein Sumpf, der jegliche Potenzialentfaltung behindert. Auf der anderen Seite können wache Menschen, die diese Mechanismen verstehen, sich zu enorm starken, ermächtigenden Teams zusammenfinden.

Es wird sogar noch etwas verrückter. Neben unserem neuronalen Netzwerk und den sozialen Netzwerken gibt es nämlich noch das große kollektive Netzwerk. Der französische Jesuit und Philosoph

Teilhard de Chardin nannte es die Noosphäre. Damit umschrieb er das umfassende unsichtbare geistige Netzwerk der Menschen, in das jeder einzelne Gedanke von uns eingespeist wird. Auch hier wirkt ein kumulativer, verstärkender Mechanismus. Je mehr Menschen etwas glauben, desto powervoller wird sich dieser Glaube zuerst als Trend und später als Paradigma manifestieren.

Die gute Nachricht lautet: Unser Gehirn ist lebenslang formbar und es gibt unendlich viele befreiende Möglichkeiten der Neuvernetzung.

Derzeit glauben wir zum Beispiel, dass die Erde rund ist. Vor mehreren Hundert Jahren wärst du für diese Ideen verbrannt worden, weil alle ganz sicher »wussten«, dass die Erde eine Scheibe ist. Es gab auch eine Zeit, da wurde Sklaverei als der natürliche Zustand der menschlichen Ordnung angesehen. Stell dir einfach mal vor, du besuchst heute deinen Nachbarn und plötzlich steht da jemand in Livree. Du fragst: »Wer ist das?« und dein Nachbar antwortet: »Den hab ich gekauft, der gehört mir.« Wie würdest du reagieren? Ich hoffe, du würdest ausrasten. Aber vor 300 Jahren wärst du auf deinen Nachbarn neidisch gewesen: »Wo hast du den her? Was, nur dreißig Dukaten? Ist ja ein Schnäppchen!« So mächtig sind die kollektiven Trancen, die von einem Großteil der Menschheit als *wahr* akzeptiert werden.

Die unsichtbare Noosphäre entwickelt sich also im Laufe der Zeit weiter, genau wie dein eigenes Glaubenssystem. Im Augenblick leben die meisten Menschen völlig überzeugt in dem Paradigma, dem zufolge wir alle strikt voneinander getrennte Identitäten sind. Ich bin mir jedoch sehr sicher, dass wir – sofern die Menschheit überlebt – in dreißig, vierzig Jahren zum einen hochgradig individualisiert sein werden und gleichzeitig wissen werden, dass wir auf einer tieferen Ebene *ein* Wesen sind. Wenn dir das gerade völlig absurd vorkommt, denke an deine Vorfahren, die ganz genau wussten, dass die Erde der Mittelpunkt eines Universums ist und von Gott in sieben Tagen erschaffen wurde. Alles ist möglich. Finden wir es heraus.

Fassen wir noch einmal zusammen: Wir verfügen über unser persönliches neuronales Netzwerk, das verstärkt wird durch das soziale Netzwerk, das wiederum verstärkt wird durch die Noosphäre. Wenn du allein an einem Glauben festhältst, wird es schon schwierig, ihn loszulassen. Wenn alle in deiner Umgebung daran glauben, wird diese Überzeugung zu einer schwer einnehmbaren, geschweige denn erweiterbaren Burg.

Jetzt kommt aber eine sensationell gute Nachricht: Wir können bis zu unserem letzten Atemzug die Neuroplastizität unseres Gehirnes fördern. Neuroplastizität beschreibt die Fähigkeit deiner Neuronen, ihre Vernetzung an sich ändernde Bedingungen anzupassen. Wir können also lebenslang neue neuronale Netzwerke und somit neue Denk- und Verhaltensgewohnheiten anlegen. Du kannst bewusst einen neuen Glauben kultivieren, der dir und deinem Leben förderlicher ist. Außerdem kannst du – privat und beruflich – wahrhaft lebendige Beziehungen gestalten und so die soziale Plastizität fördern. Wie gehst du dabei konkret vor? Versuche nicht, einen alten Glaubenssatz zu bekämpfen oder auszulöschen. Denn dafür müsstest du ja quasi das zugrunde liegende neuronale Netzwerk in deinem Kopf löschen. Das versuchen wir mal lieber nicht. Wer weiß, was dabei noch flöten geht.

Außerdem gilt: In dem Augenblick, in dem du dich auf den alten Gedanken konzentrierst, gibst du ihm Energie. Energie bedeutet: Strom fließt zwischen deinen Synapsen und hält so den Gedanken lebendig. Lass ihn einfach links liegen. Zieh die Energie ab, indem du neue Muster aufbaust. Anstatt dir den Befehl zu geben: »Wenn ich nervös bin – *nicht* in der Nase popeln, *nicht* in der Nase popeln!«, ist es viel powervoller zu sagen: »Wenn ich nervös bin, mache ich einen Liegestütz.« In dem Augenblick, in dem du den Liegestütz machst, kannst du nicht in der Nase popeln. Korrekt? Du ziehst einfach die Energie vom Alten ab und lenkst sie auf das Neue.

Ganz wichtig ist, dass du dir überhaupt die Freiheit nimmst, neu zu glauben. Und zwar egal wie alt du bist. Letzteres ist ganz wichtig, denn ich treffe immer wieder Menschen, die sechzig oder siebzig Jahre alt sind und die sagen: »Veit, ich kann mich jetzt nicht mehr verändern.« Da kann ich nur erwidern: »Guten Morgen, Leute! Schaut euch doch mal um, verfolgt in den Nachrichten, was Wissenschaft und Medizin für Fortschritte machen.« Wenn alles gut läuft und du noch eine Weile auf dich aufpasst, ist die Wahrscheinlichkeit extrem groß, dass du hundert Jahre alt oder mehr wirst.

Erhalte dir bis zum letzten Atemzug die Bereitschaft, deine alten Glaubenssätze über den Haufen zu werfen und noch größer und noch freier zu denken. Du kannst jederzeit sagen: »Heute ist der Tag, an dem ich mein Recht in Anspruch nehme, die Welt neu zu sehen. Jede

Revolution und Innovation begann mit einem einzigen neuen Gedanken eines einzelnen Menschen.« Setze den neuen Funken in deinem persönlichen neuronalen Netzwerk frei, lass ihn sich dort verankern und dann auf deine sozialen Netzwerke überspringen und lass ihn letztendlich sogar die Noosphäre erhellen. Wie das in der Praxis geht, erkläre ich dir gleich. Doch zuvor schauen wir uns noch verschiedene Arten von Glaubenssätzen an.

Wurzelglaubenssätze und Sekundärglaubenssätze

Bei Glaubenssätzen unterscheide ich zwischen Wurzelglaubenssätzen und Sekundärglaubenssätzen. Wurzelglaubenssätze sind Glaubenssätze, die, wenn sie erst einmal implementiert sind, maßgeblich starke Wirkungen auf alle Bereiche deines Lebens haben. Deshalb ist es sinnvoll, sich in der Arbeit mit Glaubenssätzen zunächst auf sie zu konzentrieren.

Hier ein negatives Beispiel: Der schon oft zitierte Wurzelglaubenssatz »Ich bin nicht gut genug« wirkt sich sehr wahrscheinlich auf viele Lebensbereiche aus (Selbstliebe, Liebe, Erfolg, Finanzen, Spiritualität ...). Er kann die Wurzel weiterer Schlussfolgerungen sein, wie zum Beispiel: »Niemand liebt mich so, wie ich bin. Meine Arbeit ist wertlos. Gott sieht mich als Sünder und bestraft mich deshalb.«

Einer meiner wichtigsten positiven Wurzelglaubenssätze verbirgt sich auch in unserem Firmennamen: Life Trust. »Ich vertraue dem Leben« bringt mich generell in eine offene, neugierige Haltung. Er stimuliert mein Wachstums-Mindset und bringt wiederum andere positive Überzeugungen hervor: »Wenn ich dem Leben vertraue, muss auch ich gut sein. Denn ich bin Leben. Dann gibt es auch keine

wirklichen Fehler. Dann kann ich auch all meinen Gefühlen vertrauen … «

Worauf ich hinauswill: Anstatt in mühsamer Kleinarbeit Hunderte neuer Glaubenssätze zu kultivieren, konzentriere dich lieber auf
einige wenige und überlass dann ihnen die Arbeit, deinen gesamten
Geist neu auszurichten.

BEISPIELE FÜR WURZELGLAUBENSSÄTZE

(Natürlich musst du deine eigenen, für dich passenden finden.)

Ich vertraue dem Leben.

Ich bin wertvoll, genauso wie ich bin.

Glück ist mein Geburtsrecht.

Reichtum ist mein Geburtsrecht.

Ich bin eine unermessliche Quelle an Liebe, Reichtum
und Freude.

Alles ist ein Ausdruck von Liebe.

Ich kann alles meistern.

Ich vertraue und liebe meinen Körper, meinen Verstand,
meine Seele und meine Umgebung.

Ich erlebe Humor und Freude mit meiner unerschöpflichen
Kreativität.

Ich tue nur das, was meinem Bewusstsein und dem
Bewusstsein von anderen zuträglich ist.

Ich bin frei.

In allem ist Heilung.

Ich erlebe jetzt ein Wunder.

Das sind Wurzelglaubenssätze, und wenn die erst mal in deinem System verankert sind, wirken sie. Und zwar so richtig. Es sind Potenzbeschleuniger. Sie haben einen signifikanten Einfluss auf dein gesamtes Leben. Ganz egal wo du gerade Stress hast – wenn dir einfällt: »Hey, ich bin frei und ich bin gut«, kannst du mit jeglichem Stress klarkommen. Aber vielleicht gibt es auch bestimmte Bereiche in deinem Leben, in denen du gezielt mehr Wunder anziehen möchtest. Dann helfen dir Sekundärglaubenssätze. Sie wirken sehr viel spezifischer als die Wurzelglaubenssätze. Spüre zunächst in dich hinein, in welchem Lebensbereich du dich von hinderlichen Glaubenssätzen ausgebremst fühlst. Vielleicht betrifft das dein Verhältnis zu Freunden oder zu deiner Familie oder du hast das Gefühl, dass du deine seelische Entfaltung irgendwie blockierst. Vielleicht geht es um eine ganz besondere berufliche, kreative oder sportliche Herausforderung.

Für mich war es zum Beispiel vor circa 15 Jahren extrem wichtig, neue Glaubenssätze in Bezug zum Geld zu finden. Viele kennen das, sie sind aufgewachsen mit Sätzen wie: »Geld stinkt« oder »Geld verdirbt den Charakter«. Das alles sind unsere kollektiven Projektionen auf ein an sich neutrales Medium. Als ich damals unsere Finanzen sanieren und zum Erblühen bringen wollte, habe ich mich natürlich auch mit meinen Glaubenssätzen über Geld beschäftigt. Ich habe sie alle auf einen Zettel geschrieben und anschließend jeden davon ins Positive gewendet. Zum Beispiel:

»Geld verdirbt den Charakter« in: »Ich lerne im Umgang mit Geld, meinen Charakter zu klären und zu stärken.« Oder: »Geld ist die Wurzel allen Übels« in: »Ich kann mit Geld viele wunderbare Projekte umsetzen, die das Leben vieler Menschen positiv verändern.«

Zwei meiner Wurzelglaubenssätze lauten seitdem: »Reichtum ist mein Geburtsrecht.« Und: »Leben ist Fülle. Ich bin ein Kind des Lebens und nehme die Fülle dankbar an.«

Kleine Anekdote: Da das Unterbewusstsein sehr auf Handlungen und Rituale steht, haben wir damals den Glaubenssatz »Geld stinkt nicht« in »Guter Reichtum duftet und bewirkt Gutes« umgewandelt. Aber wir haben es nicht dabei belassen: Alle Geldscheine, die bei uns reinkamen, haben wir an einer Wäscheleine befestigt und mit Rosenparfum eingesprüht. Das hat nicht nur großen Spaß gemacht, sondern natürlich auch unserem neuronalen Netzwerk ein eindrückliches Bild präsentiert. Wie gehst du nun im Detail vor?

1. Formuliere alle alten negativen Glaubenssätze, derer du dir bewusst bist.

2. Versuche anhand des Verlaufs deines Lebens und immer wiederkehrender Situationen weiteren Glaubenssätzen auf die Schliche zu kommen. Schreibe sie auch auf.

3. Wähle aus der Liste diejenigen Wurzelglaubenssätze aus, die vermutlich am mächtigsten sind.

4. Formuliere sie in positive Alternativen um. Lass dir Zeit dabei. Spiel mit den Worten, bis du eine Formulierung gefunden hast, die dich berührt. Bei Glaubenssätzen ist es übrigens voll okay zu »klauen«. Wir geben unsere Überzeugungen ja eh wie Viren über unsere sozialen Netzwerke weiter. Also höre ab heute deinen Vorbildern noch aufmerksamer zu. Woran glauben die?

5. Nun ist es erst einmal wichtig, dich in einer Art Ritual sehr bewusst von den alten Sätzen zu lösen. Das machst du so:

CHALLENGE:

Verwandle deinen Glauben

Um deinen negativen Glaubenssatz zu entkräften, schreibe diesen Satz als Erstes auf ein Blatt Papier.

1. Erkenne noch einmal kurz den Wert des Glaubenssatzes bis hierher in deinem Leben an. Er hat dir als Gefäß für deine Erfahrungen gedient. Vielleicht hat er dich sogar beschützt. Selbst wenn du ihn jetzt absurd findest, er hat irgendwann einmal Sinn ergeben. Dafür verdient er deinen Dank. Wichtig ist, dass du es nicht nur denkst. Schreib oder sprich deinen Dank aus.

2. Frage dich ehrlich, ob du bereit bist, diesen Glaubenssatz jetzt aus deinem Leben zu entlassen.

3. Vergib dir, dass du dich durch ihn von möglichen Wundern abgeschnitten hast und dadurch auch für Begrenzungen und Leid in deinem sozialen Netz gesorgt hast. Lies dir dazu das folgende Gebet laut vor.

Gebet zur Selbstvergebung

»Es tut mir aufrichtig leid, dass ich diesem Glaubenssatz meine Schöpferkraft gewidmet habe. Es tut mir aufrichtig leid, wenn ich durch diesen Glaubenssatz Leid für mich, meine Mitmenschen und alle Wesen kreiert habe. Ich wusste es nicht besser und habe damals mein Bestes gegeben. Bitte, Leben, verzeih mir. Ich verzeihe mir selbst.

Ich übernehme volle Verantwortung für meinen Geist. Ich entlasse jetzt diesen begrenzenden Glaubenssatz und wähle, ihm ab heute keine Energie mehr zu geben. Ich wähle anstelle dessen, ab jetzt neu und kraftvoll zu glauben, dass

_____ .

(hier kommt die positive Alternative).
Diesen neuen Gedanken werde ich durch Energie, Wiederholung und Taten in meinem Geist verankern und auf diese Weise gute Dinge zum Wohle aller Wesen erschaffen. Ich bin dafür bereit, dass dies schnell und einfach geht. Ich liebe mich. Ich bin offen für Wunder.«

4. Verbrenne nun den Zettel mit dem alten Glaubenssatz oder zerreiß ihn in kleine Schnipsel.

Natürlich ist damit wahrscheinlich noch nicht jede Spur des alten Glaubenssatzes in deinem neuronalen Netzwerk ausgelöscht. Er wird sich immer wieder mal melden und versuchen, seine Hoheit zurückzugewinnen. Deshalb ist ab hier Folgendes wichtig:

Wann immer der alte Glaubenssatz sich meldet, kämpfe nicht gegen ihn. Sag dir innerlich ganz ruhig: »Aha, du bist also noch da. Doch ich glaube dir nicht mehr. Ich schenke meine Energie dem neuen Gedanken:

_____ .«

Dabei ist es essenziell, dass du ab jetzt den neuen Glaubenssatz verstärkst, bis er sich fest verankert hat. Das machst du folgendermaßen:

CHALLENGE:

Verankere deinen neuen Glauben

Dies ist kein einzelner Schritt mehr, sondern eine kontinuierliche Praxis, um den neuen Glaubenssatz zu stärken und in dir zu verankern.

1. Schreibe deinen neuen Glaubenssatz auf mehrere Zettel.

2. Platziere sie an unterschiedlichen Stellen, sodass du den Satz immer wieder lesen kannst.

3. Sprich ihn laut aus. Je öfter, desto besser. Mach das ganz langsam und mit Gefühl. Bis du spürst, dass seine Energie voll in deinem Körper ankommt.

4. Wähle jeden Morgen einen deiner neuen Glaubenssätze aus und frage dich, wie du ihn heute durch Handlungen verstärken kannst. Das ist sehr wichtig, denn dein Geist und dein Körper sind untrennbar miteinander verbunden. Wie könntest du diesen Glaubenssatz heute leben?
»Ich bin wertvoll, deshalb gönne ich mir heute eine Auszeit.«
»Ich vertraue dem Leben, deshalb mache ich heute bewusst etwas außerhalb meiner Komfortzone.«
»Ich bin es wert, von anderen Menschen geliebt zu werden. Deshalb äußere ich heute einen konkreten Wunsch an einen mir wichtigen Menschen.«

5. Wann immer du positive, energetisch intensive Zustände von Freude, Dankbarkeit oder Frieden erfährst, denke an

einen deiner neuen Glaubenssätze. Lade ihn förmlich mit der positiven Energie auf.

6. Bring deinen neuen Glaubenssatz in deine wichtigsten sozialen Netzwerke ein. Sprich darüber. Lade deine Liebsten, Partner*innen, Kids … ein, mit dir gemeinsam eine Atmosphäre guter, starker Gedanken zu erschaffen, die hilft, das Potenzial von allen zu entfalten. Seid gute Freund*innen füreinander und weist euch liebevoll darauf hin, wenn eine*r von euch mal wieder in die alte Spurrille gerutscht ist.

7. Finde in Momenten der Stille, in der Meditation oder der Natur immer wieder einen Zugang zu jenem Teil in dir, der über alle Glaubenssätze erhaben ist. Du bist größer als alle Gedanken. Sie sind lediglich Perspektiven des Begreifens und Werkzeuge des Erschaffens. Diese Sichtweise hilft dir, keinen Gedanken zu ernst zu nehmen und eher mit ihnen zu spielen, als dich von ihnen abhängig zu machen.

DER VIERTE FILTER: HANDELN

Der vierte Filter ist eng mit dem dritten verwoben und klang deshalb in der letzten Challenge bereits an. Im psychospirituellen Bereich erlebe ich es oft, dass sich die Leute gedanklich intensiv mit einer Sache beschäftigen und sagen: »Wenn ich das oft genug visualisiere, wird es wirklich.« Nein. Das mag ein guter Anfang sein, aber Visualisieren allein reicht nicht aus für umfassende Veränderung.

Wir sprechen vom sogenannten Embodiment. Geist und Körper sind, solange du lebst, untrennbar miteinander verwoben. Was du denkst, wirkt sich auf deine Physiologie aus. Was dein Körper tut, beeinflusst deinen Geist. Du bist ja nicht nur als Gehirn auf die Welt gekommen, sondern du hast einen Körper, Arme, Beine, Hände, Füße und so weiter. Die Schöpfung scheint also offenbar von dir zu wollen, dass du das, was du glaubst, in Action umsetzt. Wenn du glauben willst, dass du ein großzügiger Mensch bist, du aber nicht großzügig handelst, ist die ganze Mühe für die Katz. Dann nimmt dich dein Unterbewusstsein nicht ernst. Dafür brauchst du die konkrete Handlung.

Ich bleibe bei dem Beispiel Geld. In meiner Auseinandersetzung mit meinem Verhältnis zum Geld habe ich unter anderem mit dem Glaubenssatz gearbeitet: »Ich bin es wert, mit meiner Arbeit Reichtum zu empfangen.« Dafür war es für mich sehr wichtig, am Ende einer Coachingsitzung, wenn mir Klient*innen das Honorar gaben, ihnen in die Augen zu schauen, den Moment bewusst zu fühlen und mich deutlich für das Geld zu bedanken. Da es für mich damals auch bedeutsam war, Sparen und Großzügigkeit zu lernen, legte ich sofort danach zehn Prozent des Honorars in eine schöne Schatulle und dachte dabei: »Ich bin dafür bereit, dass die Fülle auch in meinem Leben bleibt.« Zehn Prozent gab ich sehr bewusst für eine gute Sache aus (zum Beispiel für eine Spende) und dachte dabei: »Mit meinem Reichtum tue ich Gutes. Alles, was ich frei gebe, kommt vielfach zu mir zurück.« Natürlich gibt es unzählige andere Möglichkeiten des Handelns, aber du kriegst den Punkt. Du musst aus dem Kopf in den Körper, in die Handlung und ins Gefühl kommen.

Warte nicht auf die neue Realität. Denn dann kommt sie nie. Handle, als ob sie bereits da wäre. Damit meine ich nicht, dich blindlings zu verschulden, wenn du Reichtum anziehen möchtest. Du kannst sehr wohl verantwortlich mit dem bestehenden Geld umgehen und dich dennoch in Großzügigkeit üben. Mach das nicht verbissen. Probiere jeden Tag etwas Neues aus und beobachte, wie es wirkt. Suche dir pro Tag einen Glaubenssatz aus und handle bewusst. Also nicht nebenbei, sondern ganz bewusst. Glaubenssatz. Handlung. Bewusstheit. Energie. Verstärkung. Klick, Bum!

CHALLENGE:
Die Wunder-Affirmation

Wenn du bereit bist für ein Wunder, dann bitte ich dich jetzt, etwas Verrücktes zu tun. Stell dich aufrecht hin. Schließe die Augen und mache dir klar: Alles, was du in diesem Buch liest, passiert in deinem Geist. In deinem Bewusstsein. Das ist dein persönlicher Traum. Das, was du hier liest, ist dein ganz persönlicher Wake-up Call. Wenn du merkst, da ist was dran an dem, was auf diesen Seiten steht, und wenn du es ernst meinst, dann bitte ich dich, dir klarzumachen, dass dieses Lesen eigentlich ein Selbstgespräch ist. Du sprichst mit deinem Geist.

Breite nun die Arme aus und sage innerlich ganz wach und entspannt: »Ich bin bereit für Wunder.« Sprich den Satz unbedingt laut aus. Es macht einen Unterschied, ob du ihn bloß denkst oder ob du ihn aussprichst. Fahre fort: »Ich weiß, dass noch viel mehr möglich ist. Das wird das beste Jahr meines Lebens.« Los, gleich noch einmal: »Ich bin so was von bereit für Wunder. Das wird das beste Jahr meines Lebens. Alles ist möglich.« Und dann wird es so sein.

Part 4
Die
Wunderversion
deines Lebens

Lass uns einmal kurz zurückschauen. Ich weiß, dass du dieses Buch liest, weil es Dinge gibt, die du dir wünschst. Vielleicht traust du dich noch nicht, deinen Wunsch klar zu formulieren. Aber es gibt Dinge, von denen dein Herz sagt: »Das will ich. Und es steht mir auch zu!« Angefangen haben wir mit der fundamentalen Frage: Was ist eigentlich ein Wunder? Und wir haben uns darauf geeinigt, dass ein Wunder ein Ereignis ist, das du bis eben nicht für möglich gehalten hast. Dann haben wir über das Funktionieren unseres Geistes gesprochen und über unsere Fähigkeiten, das Mögliche überall neu zu entdecken, indem wir unsere vier Filter dehnen. Nun steht ein weiterer bedeutsamer Schritt an. Ich bitte dich, mit mir für einen Moment innezuhalten und dich für die Möglichkeit zu öffnen, dass dieses Kapitel die Tür zu einem neuen Level deines Lebens ist; einem Level, das schon immer für dich verfügbar war. Und nun ist es Zeit, dieses Level zu betreten. Komm von dem Punkt, dass das Stück

Weg, das wir beide im Folgenden miteinander gehen werden, eine so positive Veränderung in deinem Leben auslösen wird, dass du noch in zehn Jahren allen Menschen begeistert davon erzählen wirst. Vielleicht stellst du dir sogar vor, wie deine Enkel auf deinem Schoß sitzen oder wie du selbst ein Seminar gibst oder ein Buch schreibst und von diesem Moment berichtest. Schau, ich denke mir solche Situationen nicht aus. Ich bekomme täglich solche Nachrichten von Menschen, die so verrückt waren, mir zu vertrauen und der Einladung eine Chance zu geben. Und vielleicht erzählst du auch später mal, dass du diesem Autor damals zunächst nicht so richtig geglaubt hast, aber du ihm eine Chance geben wolltest. Dann ist es passiert. Es hat sich ein Tor geöffnet zu einer realen Möglichkeit, dein Leben noch wesentlich glücklicher, reicher, freier und erfolgreicher zu erfahren. Und du bist damals durch dieses Tor hindurchgegangen.

Du musst, um diese magische Schwelle zu überschreiten, noch gar nicht wissen, wie das alles praktisch geht, sondern einfach bereit sein, deine Sehnsucht nach einem wahren und schönen Leben voll zu bejahen. Alle großen Meisterleistungen, Kunstwerke, großartigen Lebensentwürfe, für die du vielleicht andere Menschen bewunderst, entsprangen einem Geist, der bereit war, seiner Sehnsucht zu vertrauen und das Unmögliche möglich zu machen. Diese Menschen waren bereit, eine Vision ihres Lebens zu empfangen und zu formulieren, die so noch nicht existierte, und sie dann in die konkrete Welt hinein zu manifestieren.

Ich möchte dir eine Geschichte von mir erzählen. Vor circa 30 Jahren lief ich orientierungslos und unausstehlich wütend durch Berlin. Ich hatte mein Medizinstudium abgebrochen, keinen blassen Schimmer von meiner Zukunft, war pleite, allein und lebte in einer spartanisch eingerichteten Einzimmerwohnung mit Außenklo. Ich war so zornig, weil ich auf einem Berg von Kraft saß, aber nicht wusste, wohin damit. Glaub mir, es hätte auch schlimm mit mir enden können. Doch ich hatte Glück. Ich fand einen Mentor, der mich für drei verrückte Ideen begeisterte:

1. Alles ist möglich.
2. Du hast das Recht, eine Vision für dein Leben zu formulieren.
3. Du kannst diese Vision verwirklichen.

Ich schrieb damals zehn Ziele auf, von denen mein Herz sagte »Ja! Das ist es!«, und mein Verstand erwiderte: »Du spinnst ja. Das ist größenwahnsinnig.« Doch tief in mir wusste ich, dass es wahr war. Also wendete ich alles an, was ich hier in diesem Buch mit dir teile. Nach weniger als zehn Jahren waren neun Ziele erfüllt und das zehnte hat sich in meinen Lebenssinn verwandelt. Ich, damals der absolute Beziehungschaot, lebe seit 28 Jahren in einer wundervollen Liebesbeziehung und durfte eine zauberhafte Tochter in ihrem Leben begleiten. Unsere Company unterstützt mittlerweile jährlich Hunderttausende wache Menschen in der Entfaltung ihres Potenzials. Während ich dieses Buch (mein 22.!, viele davon Bestseller) schreibe, sitze ich an meinem Lieblingsschreibplatz am Meer.

Nein, ich schreibe das nicht, um anzugeben, sondern um klarzustellen, warum ich weiß, dass die Inhalte dieses Buches wirken. Nicht nur bei mir, sondern bei so vielen Menschen, die sich auf diesen Prozess eingelassen haben. Bist du bereit für eine neue, noch wesentlich lebendigere, erfüllte Etappe deines Lebens? Wenn ja, lade ich dich ein, genau das zu tun, was ich damals vor 30 Jahren gemacht habe (nur noch viel besser, weil ich seitdem die Technik ständig verbessert habe). Mit dem Bewusstsein, dass dies nicht nur eine Übung ist, sondern ein Tor zu einer neuen Dimension.

Doch zuerst wollen wir uns kurz mit der Power von Visionen und Zielen beschäftigen. Denn diesbezüglich kursieren eine Menge unterschiedlicher Meinungen und Missverständnisse in der psychospirituellen Szene. Du findest mindestens zwei extreme Lager. Es gibt Menschen, die ständig Zielen hinterherjagen und so natürlich ihre Gegenwart verpassen. Sie bemessen ihren Wert am Erreichen von Zielen und das macht auf Dauer nicht glücklich. Denn so verpasst du den ganzen Spaß auf dem Weg und verwandelst dich in eine Leistungsmaschine. Doch das bist du nicht. Du bist jetzt bereits ein Wunder.

Im anderen Lager finden wir die, die ich liebevoll die Spiris nenne und die sich jeder Vision und jedem Ziel verweigern. Sie kultivieren gern Konzepte wie: »Alles ist schon gut, so wie es ist. Die Welt ist eh eine Illusion, warum sollte ich sie also bewusst gestalten?« Falls du dich davon angezogen fühlst, mach dir bitte klar, dass es nicht mein Anliegen ist, dich von etwas anderem zu überzeugen. Doch vielleicht fragst du dich einmal ganz ehrlich, nur für dich allein: *Bist du wirklich glücklich und rundum zufrieden? Entwickelst du dich noch? Oder gibt es da eine Power in dir, die du auf Eis gelegt hast?*

Ich sage es in allem Respekt und ganz liebevoll: Ohne Ziele außerhalb unserer Komfortzone verblöden wir langsam. Unser Gehirn ist nicht dafür konzipiert, sich im Hier und Jetzt auszuruhen. Du hast einhundert Milliarden Nervenzellen anvertraut bekommen. Die sind nicht nur dafür da, dass du auf dem Meditationskissen sitzt und die ganze Zeit einfache Phrasen wiederholst – egal wie universell wahr die sein mögen. Ja, du bist frei. Ja, diese Welt ist eine Illusion. Aber du bist nun mal hier in dieser dualen Dimension von Sein und Werden gelandet. Wenn deine Nervenzellen nicht gefordert werden, reduziert sich ihre Vernetzung. Das ist wissenschaftlich erwiesen.

Wir sind nicht nur Seins-Wesen, wir sind auch Werden-Wesen. Wir sind werdende Geschöpfe. Du bist, ob du willst oder nicht, ein*e Visionär*in. Dein Gehirn kann gar nicht anders, als Bilder zu kreieren. Ich gebe dir ein ganz simples Beispiel. Du hast bestimmt einen Kühlschrank zu Hause. Die Tatsache, dass er nicht komplett leer ist, sondern dass in diesem Kühlschrank immer wieder Sachen landen, beweist, dass du Visionen hast. Du willst dir einen schönen Milchkaffee machen. Du schaust in deinen Kühlschrank hinein, aber es gibt keine Milch. Warum siehst du überhaupt, dass keine Milch da ist? Weil du innerlich ein Bild von der Milch in deinem Kühlschrank hast. Und du hast auch eine Vision von deinem Milchkaffee, sonst würdest du gar nicht nach der Milch suchen. Nun ist es Sonntagmorgen und du hast diesen Milchkaffee einfach im Kopf. Was machst du? Du steigst ins Auto, fährst zur Tankstelle, kaufst Milch und machst dir deinen Milchkaffee. Warum bewegst du dich überhaupt? Weil du innerlich den Weg, die Tankstelle, das Ergebnis gesehen hast. Alles klar? Ob du willst oder nicht, du bist permanent am Visionieren.

Wenn du keine Vision für deinen Tag hättest, würdest du morgens gar nicht aufstehen. Du würdest einfach im Bett liegen bleiben. Ja, wir haben bereits über Heilige wie Ramana Maharshi gesprochen, die erleuchtet sind und total im Moment leben, die komplett aus diesem Bereich der Wirklichkeitserschaffungsgeschichte ausgestiegen sind, aber solange du kein Heiliger bist und unter einem Baum sitzt, schlage ich vor, du benutzt dein Gehirn und manifestierst etwas Sinnvolles und Freudespendendes für uns alle.

Du brauchst eine Vision, sonst wirst du gelebt!

Wenn du deinem Geist keine bewussten neuen Visionen anbietest, greift er auf alte Bilder zurück und erschafft Kopien deiner Vergangenheit. Du hast die Möglichkeit, eine neue Zukunft zu kreieren, und zwar nicht nur für dich, sondern für all deine Mitmenschen. Niemand hat etwas davon, wenn du deine schöpferischen Gaben auf ein Minimum reduzierst.

Es gibt sehr wohl einen goldenen Mittelweg zwischen Zielbesessenheit und Rumhängen. Du kannst durch den bewussten Umgang mit Visionen und Zielen gezielt Veränderung und Wachstum anregen und gleichzeitig den überwiegenden Teil des Tages hier und jetzt, in der Gegenwart genießen. Interessiert? Dann lass uns loslegen.

DER MYTHOS
DEINES LEBENS

Unser Geist entwickelt also fortwährend Bilder. Wenn ich von Bildern spreche, meine ich das nicht nur visuell, sondern ich meine den Gesamteindruck im Geist. Zu unseren inneren Visionen zählen auch Geräusche ebenso wie Gefühle und ganzkörperliche Erfahrungen. Ich möchte dir ein Bild anbieten: Seitdem der Mensch (sehr wahrscheinlich vor circa 90 000 Jahren) die Fähigkeit entwickelt hat, Visionen von etwas zu empfangen, was so noch nicht existiert, erzählt er sich in seinen inneren Monologen und äußeren Dialogen einen Mythos, der dann zu seiner individuellen und kollektiven Wirklichkeit wird. Unsere Erfindungen, die Kunst, Religionen, Gesellschaftsformen … sind allesamt ein Ergebnis von Milliarden Geistern, die sich permanent eine Geschichte erzählen und so die Menschheit, meist ohne sich dessen bewusst zu sein, weiterentwickeln.

Wenn du heute ziemlich genau so bist wie vor einem Jahr, dann sage ich dir, was passiert ist. Du bist in einem langweiligen Selbstgespräch eingeschlafen. Der Mythos, den du dir in den letzten zwölf Monaten erzählt und den du anderen präsentiert hast, der hat sich offenbar kaum verändert. Wenn du mich fragst, ist dies eine Verschwendung unserer schöpferischen Gaben. Denn eigentlich gleicht unser Geist keinem stillstehenden Gewässer, sondern eher einem neugierigen, sich stetig verändernden Strom des Bewusstseins. Wenn wir seine Schöpferkraft nicht gezielt durch spannende Fragen und frische Visionen anregen, sondern uns immer wieder das Gleiche erzählen, schlafen wir geistig ein, obwohl wir physisch noch aktiv sind.

Wir alle weben unseren Mythos wie einen Faden der Erkenntnis und Erfahrung in den großen Teppich der Evolution der Menschheit ein. Die Mythen, die wir uns erzählen, haben unterschiedliche Dimensionen. Zunächst ist da der individuelle Mythos, die Geschichte, die sich jeder von uns permanent über sein persönliches Leben erzählt und es auf diese Weise bewusst oder unbewusst am laufenden Band kreiert. Dann – erinnere dich an die sozialen Netzwerke – finden wir uns mit unseren Liebsten, unserer Familie oder beruflichen Teams zusammen. Wir verbinden uns mit Menschen, die etwas Ähnliches glauben wie wir. Ihr Mythos passt zu unserem. Wenn wir nicht aufpassen, entsteht so eine Mythosblase. Weil der eine die Dinge genauso sieht wie der andere, glauben beide immer mehr, dass dies die einzige Wirklichkeit ist. Wir lullen uns quasi gegenseitig ein. Es entsteht eine kreative Echokammer. Wenn du an Verschwörungen glaubst, suchst du dir Gesprächspartner*innen, mit denen du dich tief in diesen Tunnel eingraben kannst. Wenn du dich als ein Opfer des Lebens fühlst, suchst du dir Menschen, die dir das bestätigen. Konservative spinnen einen konservativen Mythos miteinander, Feminist*innen einen feministischen und so weiter. Achte auf Frischwasser, will ich damit sagen. Konfrontiere deinen Geist mit Andersdenkenden. Da draußen gibt es so viele verschiedene Farben zu entdecken. Lerne sie alle kennen und dann entscheide sehr bewusst, mit welchem heute gedachten Mythos du deine und unsere Welt von morgen erschaffen willst.

PRODUKT VERSUS SCHÖPFERGEIST

Wenn du deine Fähigkeit, Visionen zu erzeugen, nicht nutzt, gibst du ein ganz wesentliches Werkzeug zur Gestaltung eines glücklichen Lebens aus der Hand. Wenn du nicht sehr bewusst *deine* Visionen empfängst, heißt das nämlich nicht, dass du gar keinen folgst. Dein Gehirn greift einfach auf alte oder vorgegebene Mythen zurück. Das klarste und lauteste Gehirn gewinnt dann. Vielleicht sitzt du dann vor einem Guru oder Priester und lässt dir die Welt erklären, anstatt selbst nachzudenken. Vielleicht übernimmt aber auch das selbstbewusste Gehirn deines Partners die Führung. Das mag bequem sein, ist aber selten das Beste für dich. Denn du verfügst selbst über einen freien Schöpfergeist. Dein Gehirn wurde designt, um dich durch dieses Leben zu führen. Wenn du ihm keine klaren Zielangaben gibst, greift es auf fremde oder alte, in dir abgespeicherte Vorgaben zurück.

Seit frühester Kindheit speichert dein Geist Bilder, Erfahrungen als Muster ab. Wenn du ihm zum Beispiel keine glorreiche Vision für deine Liebesbeziehung anbietest, greift er auf die alten Bilder der Beziehung deiner Eltern zurück. Gerade eben warst du frisch verliebt, jetzt sitzt du vor diesem Menschen und streitest dich auf so eine öde Weise mit ihm. Woher nur kennst du den Geschmack dieses Streits?

Das betrifft alle Lebensbereiche. Ohne neue Visionen switcht dein Gehirn auf Autopilot und greift auf alte Muster zurück und so finden sich viele Menschen wie durch Zauberhand in ausgetretenen Hamsterrädern wieder. Das ist schöpferische Sklaverei. Wir leben die abgenutzten Visionen anderer. Die Befreiung aus dieser alten Schallplattenrinne beginnt immer mit einem frischen und frechen: »Mir ist egal, wie das ›alle‹ bis jetzt gemacht haben. Mein Herz ist nicht erfüllt. Das kann also nicht mein Lebensentwurf sein. Ich gestatte mir, neue Visionen zu empfangen. Ich will nicht nur ein Ergebnis der mich umgebenden Kultur und meiner Vergangenheit sein. Ich will Kultur verändern und Zukunft aktiv gestalten.«

Lass alle Menschen an der positiven Kraft deiner Visionen Anteil haben.

Vor circa 15 Jahren hatte ein begnadetes Genie namens Steve Jobs eine abgefahrene Idee: Es musste doch möglich sein, Telefon, Wecker, Fitnessgerät, Fernseher und die Möglichkeit zum Abspielen von Musik in *einem Gerät* zu verbinden. Diese Realität hat damals im Außen nicht existiert. Ein einziger Mensch – zieh dir das wirklich mal rein –, ein einziger Mensch bringt die geistige Power auf zu sagen: »Wenn es noch nicht da ist, dann muss es erfunden werden.« Und kreiert jenes Gerät, das sich heutzutage völlig selbstverständlich in unseren Taschen befindet und, wenn du ganz ehrlich bist, meistens in deiner Hand. Ein einzelner Geist hat mit seiner Vision den Lebensstil von Milliarden Menschen massiv verändert. Das ist Power. Vielleicht wendest du jetzt ein: »Diese Technologie hat nicht nur gute Aspekte!« Da stimme ich dir voll zu und gerade deshalb ist es so wichtig, das Visionieren und Manifestieren nicht einigen wenigen Geistern zu überlassen. Es liegt an dir und mir, Bilder zu empfangen, wie wir in den kommenden Jahren auf eine sinnvolle und gesunde Weise mit Technik und Wissenschaft umgehen wollen. Sonst setzen uns andere vor vollendete Tatsachen.

Das Smartphone ist deshalb ein so gutes Beispiel, weil es quasi designt wurde, um unsere Gehirne mit Fremdbildern zuzumüllen. Wenn wir nicht aktiv gegensteuern, schluckt es unsere Schöpferkraft. Genauso macht es übrigens dein*e dominante*r Freund*in, wenn er/sie kommt und dich mit langweiligen Themen zulabert. Diese Person bindet deinen Geist in einem abgedroschenen Mythos. Deshalb fühlst du dich danach manchmal so ausgelaugt oder wütend.

Hier noch ein paar Beispiele, denn ich möchte, dass du wirklich kriegst, wie powerful du eigentlich bist. Jesus Christus ist letzten Endes nur eine Vision. (Lieber Jesus, falls du gelebt hast, verzeih mir. Du verstehst am allerbesten, was ich meine.) Die meisten Menschen, die sich als Christen bezeichnen und sagen, dass sie an Jesus glauben, kommen allerdings nicht auf die Idee, sich zu fragen: »Warum glaube ich das eigentlich? Könnte es sein, dass ich, wenn ich tausend Kilometer weiter in einem arabischen Land geboren worden wäre, an einen anderen Propheten glauben und auch Gott anders sehen würde?« Wenn wir mutig über diese Fragen nachdenken, kommen wir zu revolutionären, ja ketzerischen Schlüssen: »Moment mal, warte mal ganz kurz. Wie kann das denn sein? Entweder Gott ist Gott. Oder es spielen bei meiner spirituellen Weltsicht noch ganz andere Faktoren eine Rolle. Kann es sein, dass ich massiv durch einen religiösen Mythos beeinflusst bin, der vielleicht vor zweitausend Jahren einer einzigen, echten mystischen Erfahrung entsprungen ist und dann im Laufe der Jahrhunderte von vielen, überwiegend männlichen, an Macht interessierten Geistern verändert und geformt wurde?«

Und jetzt, wenn du dieser Spur folgst, erwacht dein eigener Schöpfergeist: »Ich schiebe jetzt mal alles beiseite, was mir Priester und Eltern erzählt haben. Ich schiebe auch beiseite, was die Wissenschaft behauptet. Stattdessen frage ich mich: Was ist denn meine Vision von Gott? Was ist mein ureigener spiritueller Mythos? Worin sehe ich meinen Sinn? Wie definiere ich meine Identität?« Wenn dann dein Herz immer noch eine persönliche Affinität zu Jesus hat – und ich muss sagen, ich mag diesen Mythos persönlich sehr –, dann kannst du ihn jetzt endlich vom Kreuz herunterholen. Du kannst *deine* persönliche Beziehung zu ihm aufbauen. Du kannst eine eigene ehrliche, nackte und direkte Beziehung zu den Geheimnissen dieses Universums beginnen und darauf basierend deine eigene Vision einer für dich passenden Lebensethik und Spiritualität entwickeln. Dann gibt es nicht mehr die eine, uns allen einfach vorgesetzte Bibel oder die eine wissenschaftliche Lehrmeinung. Nein, stell dir vor, wir ermutigen unsere Kinder, ihr eigenes Lebensmanifest zu schreiben und stetig weiterzuentwickeln. Was für eine Befreiung schöpferischen Potenzials! Was für eine Belebung der Welt durch Vielfalt!

Noch ein Beispiel: Warum haben so viele Menschen ganz offensichtlich ein Riesendauerproblem damit, eine richtig geile, lebendige Liebesbeziehung zu kreieren? Das kann doch eigentlich nicht so schwer sein. Wenn zwei Menschen zusammenkommen, die beide ein liebendes Herz und ein schlaues Gehirn haben, die, von einer mächtigen Sehnsucht befeuert, aufeinandertreffen und sich am Anfang wirklich toll finden – warum landen so viele von uns dann doch in frustrierenden Beziehungen? Das kann man jetzt sehr kompliziert machen und analysieren: »Weil mir früher das und das passiert ist. Weil ich Angst vor der Ehe habe. Weil meine Neurosen ... Weil der andere ...« Und so weiter. Oder wir bringen es auf einen simplen Punkt: Vielleicht hast du als Kind einfach eine ungemein trostlose Vision von Partnerschaft vorgelebt bekommen. Vielleicht hast du mitbekommen, wie sich deine Eltern langweilten, wie sie sich zofften, wie sie sich belogen. Und du saßt da, unschuldig, voller Vertrauen. Du hast dir das angeschaut und in dir entstand eine Vision von dem, was Partnerschaft bedeutet. Und später, mit dreißig oder vierzig, rast du immer wieder ohne eine eigene frische Vision in eine Liebesbeziehung hinein. Alles fühlt sich toll an. Du bist ja am Anfang ordentlich besoffen von Dopamin. Genieß die Verliebtheitsphase, aber die zählt nicht. Spannend wird es danach. Spannend wird es, wenn der Rausch der Neurotransmitter abebbt. Da stellt sich dein Gehirn nämlich die Frage: »Was jetzt? Was ist die Vision? Wohin soll ich die Beziehung entwickeln? Okay, wenn ich von dir keine neuen Anweisungen bekomme, schaue ich einmal nach, welche Bilder ich bereits abgespeichert habe. Mutti und Vati haben sich immer gestritten. Dann hat Vati mit der Tür geknallt ...« Wenn das die einzigen Bilder sind, die für dich bereitstehen, wird es zu Streit und Türenknallen kommen. Dann wird dein System alles in die Wege leiten, dass es genau so passiert.

Dem Wunder
ist egal,
ob es groß
oder klein ist.

Ich gebe dir noch ein Beispiel. Ein sehr (b)anales Beispiel: die Klopapierrolle. Schau, wenn du im deutschen Kulturkreis groß geworden bist, ist die Sache für dich völlig selbstverständlich: Du gehst aufs Klo und – wenn du nicht besonders paranoid bist – guckst nicht, wo das Klopapier ist, sondern du setzt dich einfach hin und scheißt. Und dann greifst du neben oder hinter dich, weil du weißt, da ist die Klopapierrolle. Niemand von uns kommt auf die Idee, dass es vielleicht auch ganz anders sein könnte. Doch wenn du zum Beispiel in Indien unterwegs bist, gibt es dort ganz häufig keine Klopapierrolle, sondern einfach einen Eimer mit Wasser. Und du musst erfinderisch sein, um rauszufinden, was du damit machen sollst. So, wer hat mehr recht, die Inder oder wir? Niemand. Es ist einfach eine andere Gewohnheit, in die wir reingeboren werden. Das heißt, selbst die Art und Weise, wie wir scheißen, ist sehr stark durch vorgegebene Visionen geprägt.

Werde zu der Absicht, deine höchste Möglichkeit auf der Erde zu verwirklichen.

Oder nehmen wir die Architektur. Oft halten wir die Umgebung, in der wir leben, für selbstverständlich. Wir denken, die Tatsache, dass wir inmitten von Häusern und Straßen leben, die überwiegend gerade sind, mit geraden Linien, geraden Ecken, geraden Wänden und so weiter, sei normal. Das ist nicht normal. In der Natur gibt es eigentlich keine geraden Linien und Flächen. Architekten und Innenarchitekten haben einen sehr großen Einfluss auf unser Bewusstsein.

Andrea und ich haben das einmal ganz konkret erlebt. Als wir nach Baden-Baden zogen, mieteten wir zunächst ein ganz kleines Haus, so ein richtiges Hexenhäuschen, und wir waren damals froh. Wir waren dankbar. Doch nach einer Weile merkten wir: Es ist eng, es ist klein und es macht etwas mit uns. Es war, als wenn unser Geist keine Luft mehr zum Atmen bekäme. Damals haben wir unsere Vision vom Wohnen aufgeschrieben. Ein Aspekt war zum Beispiel, dass wir gern Fenster bis zum Boden wollten. Und als ich das einem Architekten erzählte, sagte er: »Veit, bist du dir darüber im Klaren, was das verändern wird?« Ich habe ihn erst gar nicht verstanden, sondern habe gelacht und gemeint: »Ja, es ist schön. Und dann geht es uns besser.« »Nein«, entgegnete der Architekt, »es wird dein Bewusstsein verändern.« Mittlerweile kann ich seine Aussage zu hundert Prozent bestätigen. Seitdem wir dort leben, hat sich so viel verändert.

Wenn du jetzt fragst, worauf ich mit den vielen Beispielen hinauswill, antworte ich dir: Es ist wichtig, dass du aufwachst. Es ist wichtig, dass du verstehst, dass wir massiv durch die Kultur, in der wir aufgewachsen sind, und die Visionen, die sie uns vorgibt, beeinflusst worden sind. Kultur ist letztendlich ein Synonym für den kollektiven Mythos, den sich Menschen erzählen. Wenn du nicht aufpasst, bist du nichts weiter als ein Ergebnis dieser Welt, die dich permanent mit ihren Bildern bombardiert. Wunderwerk ist eine Einladung, innezuhalten, deinen eigenen Schöpfergeist wach zu küssen und zu beginnen, kühn und klar deinen eigenen Mythos zu weben.

TRAU DICH, GROSS UND FREI ZU TRÄUMEN

Gibt es irgendetwas in deinem Leben, was du dir wünschst, wovon du mehr willst? Dann ist *jetzt* der Zeitpunkt. Das hier ist das Leben, das zu dir spricht und dich auffordert: »Sag mir bitte schön, was du willst.« Und an dieser Stelle ist es ganz wichtig, dass du nicht anfängst mit so einer kleinen Gurke von Traum: »Es würde reichen, wenn ich vielleicht hundert Euro mehr auf dem Konto hätte«; »Wäre schön, wenn ich mal eine Woche Urlaub machen könnte«. Sondern dass du sagst: »Ich lebe! Ich befinde mich in einem 13,5 Milliarden Jahre alten Kosmos. Ich habe keine Ahnung, wie lange ich lebe. Aber ich kann denken, ich kann fühlen und ich will das Maximum. Alles andere wäre doch Wahnsinn.«

Ganz vereinfacht gesagt gibt es in deinem Geist zwei Kräfte. Es gibt den Träumer und es gibt den Umsetzer. Jeder von uns trägt diese zwei Kräfte in sich. Der Träumer ist der Erfinder und Verwalter deiner Visionen. Der Umsetzer wiederum ist jene Kraft, die deine Träume als Aufträge begreift. Ohne dass du es eigens beschließen musst, sorgt er dafür, dass deine Träume in die Wirklichkeit überführt werden. Im Guten wie im Schlechten.

Wenn du zum Beispiel träumst, dass dein Leben total verkorkst ist; wenn du die Vorstellung kultivierst, dass du nichts Gutes verdient hast und aus deinem Leben nichts mehr werden kann, dann sagt der Um-

setzer in dir: »Okay. Auftrag verstanden. Ich kümmere mich darum!«
Und dein Leben wird verkorkst sein. An der Stelle sind wir Menschen
alle gleich: Der Träumer träumt und der Umsetzer setzt um.

Ich möchte dich gleich zu einem Ritual einladen. Ich möchte dich
einladen, richtig groß zu denken. Aber zuvor lass uns noch darüber
reden, warum so viele Menschen so ein Problem damit haben, richtig
groß und frei zu träumen. Das ist wichtig, weil ich bei meinen Klien-
ten immer wieder feststelle, dass sie manchmal sehr zaghaft bis lust-
los an das potenziell größte Abenteuer ihres Lebens herangehen. Was
ich dir hier anbiete, ist nichts weniger als eine Revolution! Wenn du
Bock hast auf ein wesentlich geileres Leben, auf mehr Geld, mehr Orgasmen, mehr Selbstverwirklichung, mehr Erleuchtung, steht dir das
zur Verfügung! Ich rede hier nicht von Hokuspokus. Das ist auch kein
Tschacka-Tschacka-Motivationstalk. Ich schreibe nüchtern und zugleich hellauf begeistert von deiner realen Kapazität, Wunder in deinem Leben zu manifestieren. Also warum denken nicht alle Menschen frei und groß? Das habe ich mich oft gefragt und hier sind die
sieben maßgeblichen Gründe.

WIR VERKENNEN UNSERE MACHT

Der erste und vielleicht wichtigste Punkt ist, dass Menschen nicht verstehen, wie powervoll sie sind. Uns wurde beigebracht, uns wie kleine
unbedeutende Rädchen in einem riesigen Uhrwerk zu fühlen und zu
verhalten. Ein zentrales Anliegen dieses Buches ist es, dir zu vermitteln,
dass jedes einzelne Gespräch, das du führst, etwas kreiert. *Jedes* einzelne Gespräch. Jeder Monolog mit dir selbst. Jeder Dialog mit einem
anderen. Du kannst nicht *nicht* kreieren. Du kreierst heute entweder

eine Wiederholung von gestern oder etwas Neues. Du kannst mit einer einzigen Idee die ganze Welt beeinflussen. Und wenn du sagst: »Veit, ich will gar nicht die Welt beeinflussen«, dann beeinflusse dich selbst, beeinflusse das Leben der Menschen, die dir am Herzen liegen.

Es gibt dieses wunderschöne Zitat von Marianne Williamson: »Unsere Angst ist nicht, dass wir unzulänglich sind, unsere tiefste Angst ist, dass wir eigentlich über die Maßen machtvoll sind.« Das ist so schmerzhaft schön wahr. Wenn wir unsere Träume nicht leben, dann deshalb, weil wir Angst vor unserer eigenen Macht haben. Visionen sind die Tür zu dieser Macht. Visionen zeigen dir, dass du viel powervoller bist, als du denkst. Es ist ein Licht, vor dem du erschrickst, nicht die Dunkelheit. Vielleicht fragst du dich, was du dir anmaßt, wenn du brillant, talentiert, großartig, fabelhaft sein möchtest. Aber die einzig spannende Frage ist doch: Warum nicht? Wenn das Leben dich mit der Fähigkeit zu Orgasmen ausgestattet hat, warum solltest du keinen Orgasmus erfahren? Und das möglichst oft. Wenn du kreativ denken kannst, warum solltest du deine Kreativität nicht entfalten? Wenn du lieben kannst, warum solltest du deine Liebe zurückhalten? Wenn es Schöpfung gibt, dann ist sie nicht daran interessiert, dass du auf der Zuschauerbank gelangweilt auf das Ende wartest, sondern dass du in die Arena kommst und Vollgas gibst.

DAS GEHIRN IST EIN ENERGIESPARER

Der zweite Grund, warum Menschen nicht frei und groß träumen, ist erschreckend banal: Es ist energiesparender für dein Gehirn, ein Bild anzunehmen, das dir vorgesetzt wird, als ein eigenes zu entwickeln. Also, wenn jemand zu dir kommt und sagt: »Ich weiß, wie die Welt funktioniert – alles großer Mist!« oder »Alles ist rosarot«, und wenn das Bild einigermaßen schlüssig ist, dann denkt dein Gehirn: »Okay. Warum soll ich selbst noch darüber nachdenken? Da spare ich mir doch meine Energie.« Menschen, die so reagieren, sind geistige Wiederkäuer*innen. Menschen, die sagen: »Hey, der Fritz hat behauptet ...«, »Der Papst hat gesagt ...«, »Die Bundesregierung empfiehlt ...«, »Man sollte ...«, käuen einen alten Gedanken wieder. Wir käuen wieder, wenn wir das Gleiche sagen, was wir vor fünf Jahren gesagt haben. Oder wenn wir denken, dass wir heute nicht erfolgreich sein können, da wir schon vor fünf Jahren versagt haben. Das ist alles ein Wiederkäuen von alten Erfahrungen und sehr bequem für unser Gehirn. Um dir das Wiederkäuen von Gedanken ein für alle Mal zu vermiesen: Stell dir vor, du triffst dich mit einem guten Freund. Während ihr euch unterhaltet, öffnet er seinen Mund, holt einen alten Kaugummi raus und legt in dir auf die Zunge. Du kaust ihn ohne Widerspruch weiter, obwohl du weißt, dass er vorher schon in tausend fremden Mündern war. Du freust dich schon darauf, ihn deinem Kind in den Mund zu schieben, wenn es aus der Schule kommt. Ist das eklig? Ich finde ja. Genau das machst du mit deiner Großhirnrinde, wenn du nicht selbstständig denkst. Pfui!

FALSCHE LEKTIONEN AUS DER KINDHEIT

Der wahrscheinlich maßgeblichste Grund, warum Menschen sich nicht erlauben, frei zu träumen, ist, dass uns in der Kindheit beigebracht wurde, wir seien es nicht wert. Andere bereits auf Mittelmaß konditionierte Geister haben uns beigebracht, wir müssten uns bescheiden. Das ist crazy. Wenn ich nicht an mich glaube, traue ich mir natürlich auch keine großen Träume zu. Wenn ich glaube, ich bin nicht gut genug, habe ich keine Chance, die volle Flügelspanne meines freien Geistes auszufahren. Ein Adler, der gelernt hat, sich in einer Pinguinkolonie zu verstecken. Dabei ist es im Grunde genommen andersherum: Es ist der größte Verrat am Leben, nicht groß zu träumen.

Falls du an Gott glaubst: Was meinst du wohl, was Gott von dir will? Dass du mit hängenden Schultern über die Erde läufst und den schöpferischen Ferrari, den ER/SIE/ES dir anvertraut hat, in der Garage stehen lässt? Meinst du, dass die Quelle der Schöpfung begeistert ist, wenn du beschließt: »Ich werde mein Leben lang artig, nett und unauffällig sein«? Oh, nein. Sie wird dir irgendwann frustriert in den Hintern treten und dir eine fette Krise schicken, damit du endlich gezwungen bist, deine Superpower zu aktivieren.

ANGST VOR FEHLERN UND ENTTÄUSCHUNG

Vierter Punkt, ganz wichtig: Wir erlauben uns nicht zu träumen, weil wir uns vor Fehlern und den damit verbundenen Erfahrungen von Enttäuschung, Ablehnung, Schuld und Scham fürchten. Ich habe meine Ziele schon immer relativ großmäulig rausposaunt, weil mich das verpflichtet und anspornt. Dann ist mir aufgefallen, dass es Leute gibt, die nur darauf warten, dass ich einen Fehler mache. Natürlich tun die Ablehnung der anderen und das eigene innere Gericht weh. Wer lebendig ist, wird mehr Fehler begehen.

Erinnerst du dich noch an das, was wir in Part 3 über die zwei Mindsets gesagt haben? Ein fixes Mindset hält sich an die Devise: »Ich will keine Fehler machen.« Wenn du keine Vision hast, kannst du keine Fehler machen. Im Wachstums-Mindset sagst du hingegen:

»Fehler gehören dazu. Fehler sind eigentlich geil, weil ich durch sie noch mehr erfahre, wer ich bin.« Öffne dich für Fehler und die damit verbundene Verletzbarkeit, und du öffnest dich für die wahre Elementarkraft deines Lebens.

WIDERSTAND GEGEN UNBEQUEME ERFAHRUNGEN

Jetzt kommt eine ganz wichtige Sache für die Spiris unter uns: ein subtiler Widerstand gegen unbequeme Erfahrungen. In der spirituellen Szene ist das Konzept »Wünsch dir was vom Universum« beziehungsweise das »Gesetz der Anziehung« weitverbreitet. Warum ist dieses Konzept so verlockend? Weil es bequem ist. Doch wir wissen heutzutage aus der Flowforschung, dass der schöpferische Kreislauf echter Flowerfahrungen auch unangenehme, unbequeme Phasen braucht. Niemand, der Fitness treibt, geht davon aus, dass er beim ersten Training Topleistungen erbringt und sich immer supertoll fühlt. Nein, es gibt diese Momente, in denen alles wehtut; erst hinterher fühlst du dich wieder supergeil. Wenn du eine andere Sprache erlernen möchtest, musst du Grammatik und Vokabeln pauken. Aber wenn du dann in dem anderen Land bist und dich mit den Leuten in ihrer Sprache verständigen kannst, hat sich die Anstrengung gelohnt.

Wenn ich dich jetzt verführen möchte, größer zu denken, eine Vision zu empfangen und deine Absicht zu formulieren, dann in dem Wissen, dass du auf dem Weg dahin auch Strecken erleben wirst, die frustrierend sind. Weil du nicht weiterweißt, weil es nicht schnell genug geht, weil du Dinge dazulernen musst. Lass uns da wirklich klar sein: Dieser Dehnungsprozess ist manchmal ätzend unbequem. Eine

Vision zu empfangen und von ihr berauscht zu sein ist keine Kunst. Diese Vision auf detaillierte Ziele und Handlungen runterzubrechen und dranzubleiben kann mühsam sein. Aber es lohnt sich. Genau in diesen heißen, herausfordernden Phasen wird unser Charakter geformt und das Fundament für die Ekstase gelegt, die wir dann im Flow erfahren.

ANGST VOR SICHTBARKEIT

Der nächste Grund ist Angst vor Sichtbarkeit. Ganz, ganz wichtig. Wenn du dich dazu bekennst, wer du wirklich bist und was deine Vision eines guten Lebens ist, stehst du plötzlich mitten in der Arena. Es wird eine Menge Leute auf den Zuschauerbänken geben, die denken: »Du bist ja ganz schön frech, ich werde dich mal beobachten.« Diese Menschen kompensieren ihr eigenes fehlendes Spiel, indem sie über andere lästern, sie kritisieren, ja sogar bekämpfen. Damit musst du umgehen lernen. Das ist der Preis.

Das Prinzip der Sichtbarkeit gilt auch im privaten Bereich. Vielleicht bekennst du dich in deiner Beziehung zu deiner Vision und sagst: »Schatzi, mir fällt auf, dass die Mulde unserer Couch, auf der wir beide sitzen, wenn wir abends fernsehen, immer tiefer wird. Ich will, dass wir es krachen lassen. Ich will das Abenteuer. Ich will mit dir auf den Mount Everest der Partnerschaft.« Es kann sein, dass dies wie ein elektrischer Blitz in deine*n Partner*in fährt und er oder sie sagt: »Danke, dass du es aussprichst! Ja, mir fehlt das auch. Lass uns gemeinsam nach den Sternen greifen, Baby!« Es kann aber auch sein, dass er oder sie mit Widerstand reagiert: »Sorry, da steige ich aus. Ich finde die Mulde bequem.«

Visionen positionieren uns. Wenn du erst einmal klar weißt, wofür du stehst und wo du hinwillst, wirst du zum Teil schmerzhaft deutlich spüren, welche von deinen Freund*innen gar nicht in dieselbe Richtung unterwegs sind. Visionen können dich manchmal echt einsam machen. Ich will es nicht schönreden. Das kann wehtun. Doch die gute Nachricht ist: Du wirst nie wieder ganz allein sein. Denn du wirst in deinem Einstehen für deine Vision einen Menschen treffen, auf den du so lange gewartet hast – dich! Und die zweite gute Nachricht: Endlich können dich deine wahren Weggefährt*innen erkennen.

ANGST VOR ERFÜLLUNG

Den siebten Grund habe ich selbst lange nicht verstanden. Wir fürchten uns vor der tatsächlichen Erfüllung unserer Wünsche. Wieso könnte Erfüllung furchterregend sein? Erinnere dich mal an die letzten Momente, in denen du komplett erfüllt warst. Was hat da gefehlt? Dein Ego!

Dein Ego hat keinen Zugang zu wahrer Erfüllung. Es muss an der Schwelle dahin sterben. Ego definiert sich über Widerstand und Mangel. Dein Ego braucht – um sich lebendig zu fühlen – etwas, das nicht stimmt, etwas, das fehlt, etwas, wonach es sich sehnen kann. Wenn du also die tiefe Sehnsucht deiner Seele bejahst und diese erfüllt wird, wird es innerlich ganz still. Für deine Seele ist das der perfekte Zustand, dort ist sie frei. Für dein Ego hingegen ist es der Tod, denn es hat keinen Zugang zur Erfüllung.

Und das Ego ist ganz schön gewieft. Es versucht sich zu wehren, indem es Probleme kreiert, die gar nicht wirklich existieren. Ich habe auf meinem Weg gemerkt, dass ich – als ich anfing, die ersten Phasen von Erfüllung zu erleben –, aufpassen musste, mich nicht selbst zu sabotieren. Beobachte diesen Mechanismus mal bei dir selbst. Er ist öfter aktiv, als du denkst. Plötzlich kreierst du einen Streit. Du verletzt dich. Du gibst unnötig Geld aus …

Dein Ego wehrt sich gegen Erfüllung. Es braucht immer etwas, wonach es sich sehnen kann.

So, das also sind die sieben Gründe, die uns (nicht wirklich) davon abhalten können, wirklich groß und frei zu träumen und diese Träume kühn und konkret zu manifestieren. Ich habe sie dir nicht aufgeschrieben, damit du sie als Ausrede benutzt, sondern damit du sie enttarnen und wie lästige Motten abschütteln kannst, während sich der Titan, die Titanin der Schöpfung in dir erhebt und beginnt, das Leben deiner Wahl zu erschaffen.

CHALLENGE:
Schenke deinen Träumen Freiheit

———————

Suche dir einen Platz, an dem du ungestört bist, und lies dir noch mal in aller Ruhe die Abschnitte über die sieben Gründe durch, die uns in der Regel daran hindern, groß und frei zu träumen. Wähle das Thema aus, das dich spontan am meisten anspricht. Schließe die Augen und verbinde dich mit diesem Thema. Schau, was an Bildern oder Gefühlen in dir hochkommt. Vielleicht hast du die falschen Lektionen aus der Kindheit gewählt und du erlebst im Geiste eine Situation, in der du kleingehalten wurdest. Vielleicht hat dich das Thema Sichtbarkeit angesprochen und du erinnerst dich daran, dass es dir im Studium schwerfiel, in einer Diskussion wirklich Position zu beziehen.

Lass dich ganz auf die jeweilige Situation ein. Fühle alles, was es dort zu fühlen gibt – Beschämung, Unsicherheit, Angst, was auch immer. Begegne deinen damaligen Gefühlen innerlich mit ganz viel Liebe. Sie hatten ihre Berechtigung. Dann verabschiede dich von ihnen. Sage innerlich: »Ich brauche euch nicht mehr.« Lege nun beide Hände auf dein Herz. Atme mehrmals tief ein und aus und lasse mit jedem Atemzug das Gegenbild in dir entstehen – wie du als Kind selbstbewusst empfunden und gehandelt hast; wie du dich in Diskussionen ins Rampenlicht gewagt und dort bestanden hast und so weiter. Verbinde dich einige Momente damit und versiegele diese innerliche Erfahrung in deinem Herzen, bevor du behutsam wieder die Augen öffnest.

EINEN NEUEN MYTHOS GEBÄREN

Es ist gut, dass du weißt, was dich vom visionären Träumen abhält, was dich im Leben blockiert. Aber wenn du dich zu lange damit aufhältst, investierst du Energie in das falsche Projekt. Frage dich lieber, was das nächste Kapitel im Mythos deines Lebens sein soll. Was möchtest du werden, wo soll deine Reise hingehen? Wenn du dir alles aussuchen kannst: Wie sieht dein nächstes Level aus? Also vergessen wir die möglichen Hindernisse, denn sie können uns nicht wirklich aufhalten. Kommen wir zu dem eigentlich spannenden Punkt: Wie kreieren wir etwas Neues? Wie laden wir frische Wunder in unser Leben ein? Was brauchen wir, um einen neuen Mythos zu gebären?

NIMM DEIN GEBURTSRECHT IN ANSPRUCH

Der erste Schritt zu einem neuen Mythos besagt: Reklamiere dein Geburtsrecht, schöpferisch zu wirken.

Lass das einmal kurz sacken. Denn manchmal schauen wir auf Menschen, die die Welt einfach frech verändern, und finden sie vielleicht arrogant und nervend. Einigen geht das möglicherweise so mit Elon Musk; ich weiß nicht, ob du dich schon mal mit ihm beschäftigt hast. Er baut Raketen, mit denen er letzten Endes die Menschheit auf den Mars schicken will. Da kann man natürlich schnell sagen: »Ist das dein Ernst? Wir haben so viele Probleme auf der Erde. Müssen wir jetzt über den Mars nachdenken?« Vielleicht ist die Richtung, in die Musk drängt, grundlegend falsch. Vielleicht ist sie dem Geist der meisten Menschen einfach einen Schritt voraus. Aber eines macht er auf jeden Fall: Er nimmt sich das Recht heraus, die Welt aktiv zu gestalten. Er hat sie zu seinem Spielfeld gemacht, während die meisten einfach nur passiv zuschauen.

Jede Seele hat ihr eigenes Maß für groß und frei. Finde deines und steh dazu.

Ich bin in meiner Kindheit nicht dazu ermutigt worden, mein Leben, meine Familie, meine Schule … aktiv zu gestalten. Ich wurde dazu erzogen, das zu lernen, was man mir vorsetzt, und darin gute Zensuren zu bekommen. Ich musste mich viel später an mein Recht zu träumen erst einmal erinnern und dann mühsam wieder hochfahren. Auch heute noch zucke ich innerlich manchmal zusammen, wenn ich mich in der Arena sichtbar mache und dafür kritisiert werde, unverschämte Ziele zu haben. Ich musste lernen, dass es einen Unterschied gibt zwischen der Großkotzigkeit eines in Wahrheit unsicheren Menschen und dem natürlichen Großdenken eines Genies – denn das sind wir alle.

Vielleicht lebst du in einer »Liebesbeziehung«, die dich wenig oder gar nicht erfüllt. Du versuchst, dich zufriedenzugeben. Andere haben es ja noch schlechter. Aber in deinem tiefsten Inneren denkst du: »Das kann es doch nicht gewesen sein!« Die meisten bleiben gedanklich an diesem unsichtbaren Zaun stehen. Aus Achtung vor der Kostbarkeit deines Lebens erhebe deinen Geist. Erlaube dir, Bilder dazu zu empfangen, wie du dir deine Liebesbeziehung, deinen Job, ja die Welt wünschst! Schüttle die falsche Bescheidenheit, die Scham und die Angst ab. Aktiviere den Freigeist in dir. Denke groß. Noch größer. Darüber, wer du bist. Was du kannst. Wie du leben willst.

Prometheus verriet die Götter und brachte das Feuer zu den Menschen. Welches Feuer meinte er wohl? Lass sein Opfer nicht umsonst gewesen sein. Erhebe deine Fackel und maße dir an, deine Zukunft zu erträumen. Niemand von all jenen Menschen, für die du dich kleinhältst, um sie nicht zu beunruhigen, wird an deinem Sterbebett stehen und dir für deinen Selbstverrat danken. Und selbst wenn – *du* wirst dir vor Wut in den Hintern beißen. Du wirst gegen den Tod kämpfen und leiden, weil deine Seele zu Lebzeiten nie wild und frei tanzen konnte. Hör auf, Bücher über die schmerzhaften Erkenntnisse Sterbender zu lesen. Hör auf zu warten. Lebe. Jetzt.

Damit wir uns hier richtig verstehen: Wenn ich von groß träumen spreche, meine ich nicht, dass du einen Wolkenkratzer bauen musst. Du brauchst auch keine Million auf deinem Konto. Jede Seele hat ihr eigenes Maß für groß und frei. Lass dich nicht von äußeren Maßstäben verrückt machen. Aber bescheiß dich auch nicht selbst, indem du dir deine faulen Kompromisse schönredest. Tief in deinem Herzen weißt du ganz genau, wofür du gekommen bist.

Ich nehme mir zum Beispiel das Recht heraus, davon zu träumen, das Leben von mindestens hundert Millionen Menschen positiv zu beeinflussen. Ich nehme mir das Recht heraus, davon zu träumen, dass es nicht mehr vier, fünf Weltreligionen, sondern acht Milliarden einzigartige Glaubensbekenntnisse gibt, die im Kern alle eins sind. In meiner Vision sterbe ich nach einem langen und erfüllten Leben als ein glücklicher, weiser, liebevoller und vollkommen freier Mensch. Ich scheitere lieber mit diesem großartigen Traum, als ihn nicht zu träumen.

Und nun lade ich dich ein, über die Bereiche deines Lebens nachzudenken, in denen du dich so fühlst wie ein Titan, der an eine unsichtbare Decke stößt. Wie fühlt sich das an, wenn der oder die Titan*in sich endlich in dir aufrichtet und ausruft: »Ich nehme mir von nun an das Recht heraus, groß zu denken!«?! Es ist eine giftige Lüge, weitergegeben von Kleingeist zu Kleingeist, die uns weismachen will, dass dies etwas Schlechtes wäre. Dass das egoistisch wäre. Das denken nur Menschen, die sich selbst dieses Recht vor langer Zeit verweigert haben. Du wirst keinen wahrhaft lebendigen, visionären Menschen finden, der versucht, dich zu begrenzen. Deine Schöpferkraft voll zu aktivieren ist das schönste Geschenk, das du uns allen machen kannst. Wenn du geistig sitzen bleibst, dann fehlst du uns bei allen Herausforderungen, die vor uns liegen. Wenn du aus einer Metaperspektive auf unsere Gesellschaft schaust, warum gibt es denn all die Ablenkungen, Drogen, Alkohol, Nikotin, Arbeitssucht, Konsum? Warum haben diese Dinge eine solche Anziehungskraft? Weil die Titan*innen eingeschlafen sind und nun versuchen, ihren Schmerz darüber zu betäuben.

MACH DICH ZUM
MITTELPUNKT DEINES LEBENS

Deswegen ist das zweite Element, das eng mit dem ersten verbunden ist, so wichtig, nämlich: Stell dich in den Mittelpunkt deines Lebens. So viele Menschen leben von außen nach innen. Die Erwartungen der Gesellschaft, der »anderen« bestimmen ihre Entscheidungen. Wir loben Menschen, die sich aufopfern. Warum? Vielleicht ist es gar nicht freiwillig geschehen und wahrscheinlich hätte es noch bessere Lösungen (zum Wohle aller) gegeben. Wir bewundern Mutter Teresa. Doch wissen wir mittlerweile aus ihren Tagebüchern, dass sie unglücklich und depressiv war. Vielleicht hätte Mutter Teresa noch viel, viel mehr Menschen helfen können, wenn sie sich selbst ab und zu eine heiße Badewanne gegönnt und gesagt hätte: »Ich möchte jetzt gerne, dass mal jemand etwas für mich tut.«

Wir verleugnen unsere Sterblichkeit und nur deshalb verschwenden wir die kostbarste Währung (Zeit) für traurige, langweilige Kompromisse. Du willst doch nicht am Ende deines Lebens auf eine leere, trostlose, verstaubte Arena schauen und mit tausend unbeantworteten Fragen sterben.

Wo dimmst du dein Licht, wo stutzt du deine Träume, weil du anderen gefallen oder gar nicht erst auffallen willst? Wenn du mich fragst, lebe ich lieber ein kürzeres Leben, mit ramponierten Knien vom Hinfallen, voller Risiken und Peinlichkeiten, als dass ich mein freies, schöpferisches Genie an die Kleiderstange hänge und auf den Zuschauerrängen dahinwelke. Besser ein unvollkommenes Leben, das wirklich mein Spiel war, als eine aalglatte Kopie des Lebens eines anderen Menschen.

Dieses Leben ist *dein* Spiel. Niemand hat das Recht, dir vorzuschreiben, an welchen Maßstäben du dich orientierst. Bevor du deine kühne Vision für dein Leben entwirfst, stell alle politische oder religiöse Korrektheit vor die Tür. Denke schamlos-lustvoll, verrückt-verspielt, großzügig und großherzig. Später solltest du deine Vision natürlich mit deinen Werten abgleichen, doch auch hier liegt die Betonung auf *deinen* Werten.

Das Leben ist *dein* Spiel. Dein einmaliges, dreckiges, blutiges, heiliges, gnadenvolles Spiel.

Vielleicht wünschst du dir eine Million Euro. Warum nicht? Kann sein, dass einige deiner idealistischen Bekannten die Nase rümpfen, aber weißt du was? Ich kenne arme Leute, die richtig fiese Arschlöcher sind, und sehr reiche Menschen, die still viel Gutes tun. Wer weiß, was du auf dem Weg zu dieser ersten Million alles über dich und das Leben lernen wirst?

Also, wenn alles möglich wäre und du deiner Sehnsucht vertrauen würdest, welches Spiel würdest du gern spielen? Was steht alles auf deiner Wunschliste? *Innerer Frieden? Erleuchtung? Orgasmen? Die Welt retten? Eine saftige Liebesbeziehung? Berühmt sein? Reich? Was macht dich wirklich an? Was fährt deinen Motor hoch? Warum nicht endlich mal deiner Sehnsucht vertrauen?*

ERHEBE DICH

Wenn du dir dieses Recht spürbar herausnimmst und dich energetisch in den Mittelpunkt deines Lebens gestellt hast, kommt der dritte Punkt. Der ist extrem bedeutsam. Ich nenne ihn *Elevation*, Erhebung. Was meine ich damit? Wir alle haben ein Alltagslevel an Bewusstsein. Und auf diesem Alltagslevel empfangen wir Alltagsvisionen (ich nenne sie »Muggelvisionen«). Doch unser Geist ist in der Lage, sich über das alltägliche Niveau zu erheben. Von dieser Warte aus denken wir kühner und weitsichtiger. Wir sehen, worauf es wirklich ankommt. Es gibt einen guten Grund, warum Propheten in den alten Geschichten ihre Visionen meist auf einem Berg empfangen haben. Wenn du mich fragst, war diese geistige *Elevation* der ursprüngliche Sinn eines jeden Gottesdienstes. Nicht, dich am Sonntag in einer kalten Kirche auf eine harte Holzbank zu setzen und dir die moralinsaure Predigt eines lustunterdrückenden Pfarrers anzuhören, der selbst dem heiligen Geist des Lebens schon lange nicht mehr begegnet ist. Der Sinn einer jeden Kirche sollte einzig und allein darin bestehen, das Bewusstseinslevel aller Beteiligten anzuheben und so mit Licht zu durchfluten, dass sie klar sehen können, was wirklich *wesen*tlich ist, und dass Schöpfung nicht irgendwo da draußen, sondern in ihnen geschieht. Für mich ist dies auch der heilige Zweck einer jeden lebendigen Beziehung. Wir kommen zusammen, um uns miteinander geistig zu erheben. Wenn du – bildhaft gesprochen – auf deinen Berg der Seele gehst, kommst du mit einem neuen Bild zurück. Du empfängst eine Vision. Du erkennst, dass das, was du sein kannst, viel mehr ist als das, was du gerade lebst. Da ist noch mehr drin. Es gibt Techniken, die ich dir später erkläre, um auf den Berg zu gehen.

Eines der mich am stärksten berührenden Beispiele für eine Elevation ist die berühmte Rede von Martin Luther King: »I have a dream.« Du kannst sie dir problemlos im Internet anhören. Das Interessante an der Rede ist, dass Martin Luther King eine schriftliche Version vorbereitet hatte. Er stand also vor den mehr als 250 000 Zuhörern in Washington, fing an zu sprechen – und hatte plötzlich einen Blackout. Er, der begnadete Prediger, stockte. Eine gute Freundin, die Gospelsängerin Mahalia Jackson, die ihn bei seinen Auftritten begleitete, sah, dass der Typ einfach abgeschnitten vom Spirit war. Sie trat zu ihm heran und flüsterte ihm ins Ohr, dass er einfach loslassen solle. Und dann, oh ja, dann ließ er los und er ließ es kommen. Er ging auf den Berg und nahm alle mit – »I have a dream that one day … «! Da ist eine Power, wie eine Botschaft aus der Zukunft, wenn du deinen Geist erhebst und eine Vision auf deinem Berg der Seele empfängst! Sie fegt deine Alltagszweifel hinweg. Sie reißt nicht nur dich mit, sondern auch deine Mitmenschen. Denn dies ist kein mickriger, berechnender Entwurf deines Egos. So eine Vision kommt aus einer anderen Quelle. Wer dafür offen ist, wird eine Gänsehaut bekommen, wenn du deine Vision teilst, denn sie ist mehr als eine Idee. Sie ist die Stimme aus der Zukunft. Sie ist real.

DU MUSST ES *SEHEN*

Wir können nur erschaffen, was wir innerlich sehen können. Noch mal: *Sehen* bedeutet nicht unbedingt, dass du konkrete Bilder empfangen musst. Aber du musst es spüren können. Du musst dich in der Vision fühlen, hören, schmecken … können. Wenn du meine Bücher über Beziehungen kennst, weißt du, dass Andrea und ich es uns zu Beginn nicht leicht gemacht haben. Der Durchbruch ins Offene, Konstruktive kam, als ich uns das erste Mal als altes, weises, lustvolles, wildes und stilles Paar sah. Pure Liebe! Seitdem weiß ich, wer wir füreinander sind und dass wir den Weg in diese Zukunft finden werden.

DU MUSST ES *GLAUBEN*

Fünftens, du musst es glauben. Und ich bitte dich, total ehrlich zu dir zu sein. Es gibt eine Menge Menschen, die versuchen, sich Glauben einzureden. Damit verarschst du dich. Deswegen bin ich in Part 3 so ausführlich auf Glaube eingegangen. Es ist vollkommen okay zu sagen: »Ich war auf dem Berg. Ich habe da etwas Großes empfangen. Aber ich merke, mein kleines Alltags-Ich glaubt (noch) nicht daran.« Das ist total okay. Schreib alle deine Zweifel auf. Fang an, damit zu arbeiten. Entkräfte sie, einen nach dem anderen. Dehne deinen Geist behutsam. Gehe regelmäßig auf den Berg deiner Seele. Freunde dich mit den neuen Bildern aus einer möglichen Zukunft an. Dein Glaube an dich darf reifen. Erschaffe immer häufiger Situationen – in deiner Vorstellung, aber auch im Realen –, die dich da reinbringen, die es dich fühlen lassen. Bis du irgendwann merkst: Jetzt ist es da! Jetzt hat mein Geist die Zielkoordinaten voll angenommen. Jetzt bin ich unaufhaltbar!

DU BRAUCHST EINEN HEILIGEN GRUND

Machen wir uns nichts vor: Eine glorreiche Vision zu empfangen ist das eine. Den Weg bis zu ihrer konkreten Umsetzung zu gehen etwas ganz anderes. Du wirst auf Hindernisse treffen, Rückschläge erfahren, an dir zweifeln … Damit du das durchstehst, brauchst du einen heiligen Grund. Um es bildhaft auszudrücken: Deine Vision kommt aus einem ätherischen Bereich und sie muss sich in die materielle, konkrete Form verwandeln. Das passiert nicht immer schwuppdiwupp, sondern das ist ein Geburtsprozess. Was ist dein heiliger Grund, um Enge, Ödnis, Kampf gut auszuhalten? Was ist dein Wofür, das dich so tief bewegt und so stark entzündet, dass du dafür jedes Opfer auf dich nehmen würdest? Denn die wirklich radikalen Wunder dienen nicht der Selbstbespaßung, sondern der Selbstbefreiung. Sie kosten dich dein Ego. Also, wenn du eine Vision aufstellst, egal was es ist – eine Million Euro, eine Liebesbeziehung –, wisse immer, *wofür*. Wenn du eine Liebesbeziehung hast, reicht es nicht aus zu sagen: »Ich will eine geile Zeit.« Warum sollte der Kosmos dich unterstützen, damit du mit jemand anderem eine geile Zeit hast? Was haben wir alle davon? Wie wird deine Liebesbeziehung die gesamte Welt erhellen?

VERGISS DAS WIE

Wir haben ja schon darüber geredet, dass du eine Träumerin und eine Umsetzerin in dir hast. Die beiden sind ein unschlagbares Team. Sobald du anfängst zu träumen, springt die Umsetzerin an und kramt in ihrem ganzen Archiv, ob sie dafür eine Lösungsmöglichkeit hat. Sie kann gar nicht anders. Doch wenn es eine wirklich große Vision ist, wird sie wahrscheinlich keine bekannte Lösung finden. Was nun?

Die meisten geben an dieser Stelle auf, dabei beginnt eigentlich erst hier der richtige Spaß. Wenn du Roulette spielen gehst und ich sage dir im Vorfeld: »Pass auf, ich hab hier einen Trick und mit dem verdienst du bei jedem Durchgang tausend Euro«, dann machst du das zehn Mal und dann wird es stinklangweilig. Wenn du eine Vision hast und du weißt nicht, wie du da hinkommst, ist das ein gutes Zeichen. Du musst es am Anfang nicht wissen. Du musst dich nur bereits am Ziel sehen beziehungsweise dort spüren können. Du musst sagen können: »Ich war auf dem Berg. Ich habe da oben gesessen und die Adler gesehen. Ich gehe los und der Weg wird sich finden.«

AKTIVIERE DEIN SCHÖPFERGENIE

Ich bin ein Visionär, eine Visionärin.
Ich nutze meine Fähigkeit, zu träumen und Bilder zu kreieren.
Ich wähle, meinen Geist zu erheben und eine glorreiche
Vision zum Wohle aller zu empfangen.
Ich manifestiere diese Vision als Wunder in meinem Leben.

DIE REISE
AUF DEN BERG
DEINER SEELE

Okay, das ist jetzt wirklich ein besonderer Moment und ich möchte dich gerne einladen, ihn zu genießen. Stell dir vor, du stehst vor einer besonderen Schwelle. Sie befindet sich zwischen dir und einer viel, viel größeren Möglichkeit von dir. Wir haben uns bereits ausführlich mit dem Möglichen beschäftigt. Es ist so viel logischer, daran zu glauben, dass für dich noch viel mehr möglich ist, als an den alten Grenzen festzuhalten. Wie kannst du nun diese Schwelle überschreiten? Mittels eines Rituals. Ich werde dich gleich durch ein sehr einfaches und gleichzeitig powervolles Schwellenritual führen, das dir ermöglichen wird, eine gute, klare Vision für die wichtigsten Bereiche deines Lebens zu empfangen. Ich nenne es »Auf dem Berg deiner Seele«. Auch wenn ich es dir hier ausführlich schriftlich erkläre, empfehle ich dir, für diesen Part auf den Onlinekurs zuzugreifen. Denn über den Videokanal kann ich es dir natürlich noch lebendiger erklären und dich vor allem mit meiner Stimme durchführen: *go.homodea.com/wunderwerk*. Ich warte da auf dich!

NEUN BEREICHE

Wenn ich mich mindestens einmal im Jahr zurückziehe, um Visionen für meine Zukunft zu empfangen, ist es für mich wichtig, mein Leben nicht nur als ein großes Gesamtbild zu betrachten, sondern in wichtige Teilbereiche genauer einzutauchen. Im Folgenden stelle ich dir eine Einteilung in neun Visionsbereiche vor, mit denen ich meistens arbeite. Das ist natürlich nur ein Vorschlag. Du kannst dein Leben auch in andere Aspekte aufteilen.

Im Mittelpunkt meiner Vision steht immer die Frage: **Wer bin ich?** Das ist der erste Bereich. Wer will ich *sein*? Wie will ich *handeln*? Wie will ich mich fühlen? Bin ich frei? Bin ich liebevoll? Was für eine Beziehung habe ich mit mir selbst?

Der nächste Bereich ist mein Körper. Den habe ich früher sträflich ignoriert. Aber er ist wichtig, weil unser Körper auf diesem Planeten schlichtweg unser Fahrzeug und das Gefäß all unserer Erfahrungen ist. Deshalb möchte ich dich von Herzen einladen, deinem Körper gebührend Aufmerksamkeit zu schenken. Er ist ein Wunder. Deshalb ist es notwendig, dass du eine klare Vision davon hast, wie du in deinem Körper sein und fühlen willst. Ich finde es zum Beispiel sehr sinnvoll – dabei geht es nicht um übertriebene Eitelkeit –, mich mit der Frage zu beschäftigen: Wie soll der Alterungsprozess ablaufen? Will ich davon ausgehen, dass ich irgendwann einfach rasant abbaue? Oder richte ich mich darauf aus, dass es durch eine Kombination aus Mentaltraining, gesunder Ernährung, Bewegung und modernstem Biohacking möglich ist, meinen Körper lange Zeit auf einem hohen Level gut aussehend und funktional zu halten?

Der dritte Bereich ist der Geist. Hier geht es um Intelligenz, Konzentration, Gedächtnis, Klarheit, Ruhe. **Dann geht es um dein Wirken.** Damit meine ich nicht nur die Arbeit, für die du bezahlt wirst.

Hier geht es um all deine Formen des schöpferischen Wirkens: dein Job, die Erziehung deiner Kinder, Studium … Wie willst du deine kreativen Gaben mit der Welt teilen? Wie willst du arbeiten? Wo, mit wem, für wen?

Es gibt so viele wunderbare, einzigartige und geniale Menschen da draußen. Und du bist einer davon.

Der nächste wichtige Bereich ist die Liebe. Hier meine ich explizit deine Liebesbeziehung. Einen großen, ermutigenden Zuruf an alle Menschen, die eine Weile Single waren und eine liebevolle Partnerschaft vielleicht schon ein bisschen abgeschrieben haben! Wenn du wirklich mit dem Thema durch bist, okay. Dann ist ja alles in bester Ordnung. Aber wenn du merkst, dass du einfach aufgegeben hast, dann bitte ich dich: Komm zurück in den Ring, okay? Es gibt so großartige Menschen da draußen. Und du bist einer davon. Wir sind Genies, Wunder, einzigartige und liebenswerte Wesen. Warum sollten wir uns mit Mittelmaß, Abstumpfung, gegenseitigem Benutzen zufriedengeben? Tief in uns schlummert die geistige DNA für Liebe, Achtsamkeit, Mitgefühl, Witz, Heilung, Nähe und Abenteuer. Lass dir die Sehnsucht danach nicht von Zyniker*innen und Resignierten ausreden. **Als Nächstes kommt das Wir.** Das Wir bezeichnet alle anderen wichtigen Beziehungen im Leben. Also deine Beziehung zu deinen Kindern, zu deiner Familie, zu deinen Freunden, zu deinen Kollegen.

Fülle ist auch ein wesentliches Thema, das ich dir wärmstens rate, mit in deine Vision aufzunehmen. Besonders idealistisch gesinnte Menschen scheinen häufig mit materieller Fülle auf Kriegsfuß zu stehen. Wenn du zum Asketen geboren wurdest, go for it. Ansonsten ist es unnatürlich, in einem Paradies zu inkarnieren und Fülle nicht willkommen zu heißen. Entwickle ein positives Verhältnis zu gutem Reichtum, der nachhaltig und werthaltig, zum Wohle aller erschaffen wurde.

Sag Ja zur Fülle des Lebens. Nimm sie demütig und dankbar an. Genieße sie als einen natürlichen Aspekt des Lebens.

Als nächstes Thema schlage ich dir deine Beziehung zur Welt vor. Es gibt viele Menschen, die so tun, als ginge die Welt sie nichts an. Doch du lebst in ihr, nimmst von ihr, also bring dich auch ein. Es kann zutiefst erfüllend sein, einen Unterschied zu bewirken und zu sehen, dass die Welt durch dich zu einem schöneren Ort wird. Was willst du positiv verändern? Was willst du kommenden Generationen vermachen?

Der neunte und letzte Bereich ist Spiritualität. Das hat für mich nicht primär etwas mit Religion oder Esoterik zu tun. Es ist deine ureigene ehrliche, intime Auseinandersetzung mit den existenziellen Fragen des Lebens:

→ Wer bist du?

→ Woher kommst du?

→ Was ist der Sinn deines Lebens?

→ Wohin gehst du?

→ Wie definierst und erfährst du deine Beziehung zum Leben, zum Kosmos, zu anderen Wesen?

→ Welche Werte sind dir heilig?

Schreib dein eigenes spirituelles Manifest.

VORBEREITUNG FÜR DAS RITUAL

Überschreite die unsichtbare Schwelle ins Land der unendlichen Möglichkeiten.

Inzwischen dürfte dir klar geworden sein, dass für mich Wunder keinerlei übernatürliche Begabung erfordern, sondern »bloß« deine Bereitschaft zu akzeptieren, dass es dein eigener Geist war, der sie bisher verhindert hat. In jedem Augenblick deines Lebens bist du von so vielen Wundern und Möglichkeiten umgeben. Du musst lediglich deinem Bewusstsein gestatten, diese unsichtbare Schwelle von unmöglich zu möglich zu überschreiten und dann eine Vision deines zukünftigen Lebens zu empfangen. Ich habe dir dafür eine Meditation vorbereitet. Plane ungefähr eine Stunde dafür ein. Du kannst sie dir auf der Kursseite downloaden (siehe Anhang). Falls du den Text lieber selbst liest, findest du ihn dort auch als PDF. Ich führe dich in der Meditation an jenen inneren Ort, den ich den Berg deiner Seele nenne. Diesen Ort gibt es in dir. Es ist ein Ort, an dem du all den

Alltagsstress und all deine Zweifel loslassen kannst. Hier triffst du dich selbst aus einer Zukunft, in der du dein volles Potenzial verwirklicht hast. Hier empfängst du deine Vision.

Wenn du hier angekommen bist, beginnt dein Schreibprozess, bei dem du deine Vision vom Berg deiner Seele in die neun Bereiche herabbringst. Lass dich beim Schreiben von drei Fragen leiten.

Die erste Frage lautet: *Was will ich in diesem Bereich glauben*? Wir haben uns viel mit Glauben beschäftigt. Du könntest im Bereich Liebe schreiben: »Ich will daran glauben, dass die große Liebe für mich bereit ist. Ich will daran glauben, dass ich in einer Beziehung wirklich frei und meinem Partner zugleich total nahe sein kann.«

Bei der zweiten Frage geht es darum: *Was willst du in diesem Bereich erfahren*? Manchmal werden in dir vage Bilder aufsteigen, manchmal wird es ganz konkret sein. Zum Beispiel: »Ich erfahre in diesem Bereich die große Liebe. Ich sehe mich gemeinsam mit einem Mann lachen, tanzen, kochen, still sein ...«

Die dritte Frage, die dich beim Schreiben begleitet, lautet: *Warum ist dieser Wunsch so wichtig*? Lege dir wirklich die Hand aufs Herz und frage dich zum Beispiel: »Warum ist es für mich wichtig, eine Million Euro zu manifestieren?«; »Weshalb ist es für mich wichtig, dass ich einmal um die Welt reise?«; »Warum ist diese Liebesbeziehung so wichtig?« Für mich war zum Beispiel immer klar: Wenn ich die Liebesbeziehung mit Andrea hinkriege, dann bin ich echt ein gelebtes Hoffnungsbeispiel für die Menschheit. Denn wenn ich das hinbekomme, dann bekommt das jeder hin. Und dann kann ich es lehren. Dann kann ich anderen Menschen dabei helfen, eine glückliche Liebesbeziehung zu führen.

Bevor du dich nun wirklich auf deine Visionsreise begibst, lade ich dich ein, noch einmal ganz bewusst innezuhalten und dich zu fragen, ob das jetzt der richtige Moment ist. Bist du innerlich bereit für die Reise auf den Berg deiner Seele? Befindest du dich in einem geschützten Raum? Hast du ausreichend Zeit (mindestens eine Stunde)? Wenn ja, dann bitte ich dich, Folgendes vorzubereiten:

→ mindestens neun Blätter Papier, DIN A4 oder größer
→ Stifte zum Schreiben und eventuell zum Malen
→ eine Yogamatte, vielleicht ein Meditationskissen
→ eine Kerze oder ein Räucherstäbchen
→ Musik, die dich inspiriert und dein Herz öffnet

Schreibe die neun Bereiche, die ich dir eben vorgestellt habe, oben auf die neun Blätter. Jeweils einen auf ein Blatt: Wer bin ich?, Körper, Geist, Wirken, Liebe, Wir, Fülle, Welt, Spirit.

Wie bereits erwähnt, dies sind nur meine Vorschläge. Wähle Formulierungen, die für dich stimmig sind. Ich schreibe zum Beispiel Spirit, aber vielleicht sagst du eher Spiritualität, Glauben oder Sinn. Vielleicht hast du für dich auch ganz andere Bereiche im Kopf. Das ist vollkommen in Ordnung, schreibe sie einfach auf. Sorge dafür, dass du ungestört bist. Rolle deine Yogamatte auf dem Boden aus und finde einen bequemen Sitz. Du brauchst etwas Platz: Lege das zentrale Blatt mit der Frage »Wer bin ich?« direkt vor dich hin. Die anderen acht Blätter verteilst du in einem Kreis um dich herum. Lege deine Stifte parat. Wenn du willst, zünde eine Kerze oder ein Räucherstäbchen an. Die Musik schaltest du später ein, nach der Meditation, wenn du mit dem Schreiben beginnst. **Lass dich nun von der Audiomeditation begleiten.**

CHALLENGE:
Channele deine Vision

Wenn du nun bereit bist, schalte deine vorbereitete Lieblings-
musik an und lass dich von ihr tragen. Stell dir vor, wie das
pure, reine Licht deiner Seele in deine Schreibhand strömt.
Stell dir vor, wie diese Hand jetzt beginnt, angenehm zu krib-
beln, und bitte sie, auf den Blättern, die um dich herumliegen,
schnell und ohne darüber nachzudenken eine Vision dessen
aufzuschreiben, wer du sein kannst, wenn du einfach Ja sagst.
Dies ist der Moment, dir das Recht herauszunehmen, groß und
frei zu denken. Fang an zu schreiben. Bring dich in deinen neun
Bereichen auf die Welt. Denke nicht lange nach. Lass die Hand
einfach schreiben. Wenn du willst, beginne mit der Formulierung: »Wenn alles möglich ist …« Und dann schreib alles auf. Du
wirst staunen, was da alles rauswill. Werde zum Medium für die
Wunderversion deines Lebens.

→ Wer willst du in dem jeweiligen Bereich sein?

→ Woran willst du in diesem Bereich glauben?

→ Und warum ist das so wichtig?

Schreib es auf. Lass das Licht schreiben. Staune.

   Und wann immer du zögerst, erinnere dich: Alles ist möglich.
Du bist ein Wunder. Du hast ein Recht auf Wunder.

Part 5
Manifestation

Für mich persönlich ist dieser fünfte Part die Königsdisziplin in der Wissenschaft der Wunder. Die Lektionen bis hierher waren – in aller (nicht vorhandenen) Bescheidenheit – eine richtig gute Erklärung dessen, was ein bodenständiges, reifes Wunder ist. Lies sie dir immer mal wieder in Ruhe durch. Das mache ich selbst auch, denn diese radikale Perspektive geht im Alltag schnell verloren. Da hilft ein kleiner Anstupser, um sich erneut und tiefer für Wunder zu öffnen. Wenn du eine kraftvolle Vision empfangen hast, steht die alles entscheidende Etappe im Kreislauf der Schöpfung an: **Willst du ewig träumen oder willst du deinen Traum leben?**

Lass uns also die Frage klären: Wie setzt du das Wunder, das du auf der höheren Ebene deiner Visionsreise empfangen hast, tatsächlich um? So viel sei an dieser Stelle schon mal verraten: Es ist einfach, aber nicht immer leicht. Es ist für dich absolut möglich, wenn du bereit bist, die folgenden Schritte zu gehen.

GNADE HIER
UND JETZT

Also, du bist auf den Berg deiner Seele gestiegen, hast dein Leben aus dieser Perspektive der Elevation betrachtet – hast du da dein inneres Licht gesehen und eine Vision empfangen?

Allein so ein Moment ist kostbar. Lass uns kurz innehalten und das anerkennen. Denn die meisten Menschen da draußen haben nicht einmal eine Vision. Sie bedienen das Hamsterrad ihres Alltags, wissen und fühlen, dass sie etwas Entscheidendes vermissen, aber ihnen fehlt der Zugang zum Berg ihrer Seele. Sie wissen nicht, wie sie ihren Geist erheben können, um die größeren Möglichkeiten zu erkennen. Wenn du auf deiner Visionsreise etwas empfangen hast, ist das wirklich etwas Wertvolles. Und falls es dir nicht gleich beim ersten Mal gelungen ist, gib nicht auf. Nutze die Meditationen aus dem Onlinebereich. Geh immer wieder innerlich auf diesen Berg, öffne dich immer wieder für das Wunder, bis du merkst: Jetzt ist es da.

Vielleicht ist es für dich ein zu starkes Wort, doch für mich ist es wirklich Gnade, eine Vision unserer Möglichkeiten zu empfangen. Diese Vision kommt nicht immer in Bildern zu uns. Manchmal fühlst du einfach eine neue Energie. Ich liebe die moderne Form des Trancetanzes, wie wir ihn in manchen unserer Seminare anwenden. Wenn ich diese Tänze nutze, um Visionen zu empfangen, bekomme ich manchmal einfach nur hochintensive Wellen von Energie, manchmal detaillierteste Bilder und dann wieder kristallklare Anleitungen: »Veit, ruf den … an. Mach das … « Ich vertraue diesem Prozess. Ich vertraue darauf, dass die Energie und die Eindrücke, die wir in solchen Ritualen empfangen, sich in den folgenden Tagen in Träumen und Erkenntnissen noch mal bemerkbarer machen werden.

Da wir in einer profanen, materialistischen Konsumkultur leben, fehlt uns häufig der Respekt für diese Momente des Erkennens. Wir glauben, alles kaufen und einfach so haben zu können. Aber ein Augenblick, in dem sich dein Bewusstsein aus alten Begrenzungen befreit und in eine neue Möglichkeit deiner Existenz eintaucht, der ist unbezahlbar. Für mich sind diese Momente Gnade, denn wenn wir ihnen mit Respekt begegnen, verwandeln sie alles.

Werde zu einem Jäger, einer Jägerin von Kraft und Bewusstsein. Verwandle jeden einzelnen Tag in ein Portal zu neuen Möglichkeiten, indem du wach und intensiv lebst. Dann realisierst du, dass das Leben immer zu dir spricht. Zum Beispiel in der Meditation am Morgen, in einer berührenden Szene in einem guten Kinofilm, wenn ein Gespräch mit Freunden plötzlich abhebt und die Zeit stehen bleibt oder beim Blick in die Unendlichkeit der Sterne.

Du bemerkst plötzlich, dass die scheinbar feste Matrix des Alltags überall feine Risse hat, durch die das Licht deiner Seele scheint und dich an deine Freiheit erinnert. Diese Berührungen wahrnehmen und sie mit Respekt hüten zu können – das ist Gnade.

Das Wunder wartet auf dem Klo, im nächsten Gespräch, in der Gartenarbeit oder beim Lesen dieser Zeilen auf uns. Überall und immer können wir plötzlich auf dem Berg unserer Seele stehen und alles so deutlich erkennen.

CHALLENGE:
Die Gnade des Wunders spüren

Ich möchte dich jetzt einladen, der Gnade ganz bewusst Raum zu geben. Lehne dich zurück und entwickle in dir das Gefühl: »Unabhängig davon, was die Welt oder meine eigene zweifelnde Stimme mir gerade erzählen – ich bin ein Wunder und ich bin umgeben von Wundern. Ich habe ein Recht auf Wunder.«

Lies die Sätze mehrmals. Lass sie sinken. Gib dir etwas Zeit und spüre ganz liebevoll und aufmerksam in ihre Wirkung hinein. Du kannst dies noch intensivieren, indem du dir jetzt ein Blatt Papier und einen Stift schnappst. Als Erstes schreibst du in Großbuchstaben hin: »ICH BIN EIN WUNDER.« Dann liste darunter alle Gründe auf, weshalb du ein Wunder bist. Schreib einfach los. Du könntest schreiben:

»*Ich bin ein Wunder, weil ich einfach bin.*«

»*Ich bin ein Wunder, weil ich gerne lache.*«

»*Ich bin ein Wunder, weil ich lieben kann.*«

»*Ich bin ein Wunder, weil ich heute eine Möglichkeit gesehen habe, die mir vorher nicht präsent war.*«

Schreib alles auf und lass es wirken. Fühle deinen Reichtum. Kultiviere solche kleinen Momente in deinem Alltag. Greif nicht gleich zu deinem Handy, wenn du auf den Bus wartest. Halte inne, schau dich um und sieh das Wunder. Das ist eine einfache, aber sehr effektive Weise, den Wundern des Lebens mehr Respekt zu erweisen und den Blick für sie zu schulen.

VISIONEN AUF DIE ERDE BRINGEN

Wie manifestierst du nun eine Vision? Zunächst sollten wir uns klarmachen: Wunder schenken dir eine völlig neue Form der Wahrnehmung. Was ist damit gemeint? Also, du lebst deinen Alltag und der erzählt dir, wer du bist, was du kannst und was du nicht kannst. Dann gehst du auf die Wunderebene und aus dieser visionären Perspektive ordnet sich deine Wahrnehmung neu. Du siehst auf einmal so viel mehr Möglichkeiten und staunst: »Wow! Krass! So könnte ich auch leben.« Deine Wahrnehmung hat sich verändert, wenn du auf dem Berg deiner Seele warst. Jetzt geht es darum, eine Verbindung zwischen deinem Alltag (Erde) und deiner neuen Vision (Himmel) herzustellen. Alle Ebenen in dir und in deinem Umfeld – die emotionale Ebene, die körperliche Ebene, die Handlungsebene und die soziale Ebene – müssen sich der neuen Perspektive anpassen. Jede davon braucht unterschiedlich viel Zeit dafür. Ein Gedanke reist schneller als Licht. Deshalb braucht die Veränderung der geistigen Ebene fast gar keine Zeit. Wenn du mit Respekt am Ball bleibst und deinen Geist weiter und weiter dehnst, ist der Ausgang der Reise gewiss. Der Rest, all die anderen Dimensionen deines Lebens, braucht hingegen Zeit. Doch das haben viele Menschen noch nicht verstanden. Zum Beispiel beklagen sie sich: »Wir wissen doch so viel über Neurowissenschaft und Potenzialentfaltung. Warum ist dieses Wissen noch nicht in den Schulen angekommen?« Ganz simpel: Dein Geist kann innerhalb eines Augenblicks eine Offenbarung erfahren, die dann Monate, ja Jahre braucht, um die Realität auf allen Ebenen neu auszurichten. Es braucht nicht noch mehr Visonär*innen für eine neue Schule. Es braucht Held*innen, die bereit sind, den Weg zu gehen.

Wenn du unreif bist, suchst du den Rausch der Vision, meidest aber die Umsetzung. Deshalb gibt es so viele, die genau wissen, wie es sein sollte, die aber nicht bereit sind, den Weg zu gehen. Doch dank derer, die losgehen, die den Berg zu den Menschen bringen, sitzen wir nicht mehr in einer Höhle und frieren uns den Arsch ab.

Das Leben, das wir alle heute führen, wäre für Menschen vor 200 Jahren unvorstellbar gewesen. Wenn sie uns sehen könnten, würden sie uns für Magier halten. Das sind wir auch. Zumindest einige von uns. Sie haben Visionen empfangen und sind dann den Weg gegangen. Das Abenteuer der Umsetzung durch Zeit und Raum.

Du kriegst dein Leben nicht allein durch eine schillernde Idee verändert. Ich wette, dass du, wenn du mal ganz ehrlich überlegst, in deinem Leben schon oft Momente erlebt hast, in denen du eine wunderbare, spektakuläre Vision hattest. Manche davon hast du umgesetzt, aber viele auch nicht. Wo sind die hängen geblieben?

Sie schwirren immer noch als rosarote Wolken realer Möglichkeiten über dem Berg deiner Seele. Bis du die Schnauze voll hast vom Träumen. Dann meidest du entweder künftig alle neuen Möglichkeiten und gibst dich mit dem zufrieden, was du hast. Oder du gehst mit Ehrerbietung auf den Berg und bringst deine Geschenke mit Respekt und Entschlossenheit durch Zeit und Raum runter auf die Erde.

STOLPERSTEINE

Also, let's face it: An dieser Stelle trennt sich die Spreu vom Weizen. Es gibt eine Menge Menschen da draußen, die berauschen sich an einer Fata Morgana, doch dann verpufft das Ding und ist weg. Sie lesen ein Buch, sind total begeistert und machen dann weiter wie bisher, ohne sich die Frage zu stellen: »Wie bekomme ich es hin, dass diese brillanten Ideen, die ich gerade gelesen habe, bis in die letzte Ritze meines Alltags durchsickern?« Bevor die eigentlichen heiklen, oft unbequemen Fragen auftauchen, stellen sie schwuppdiwupp schnell das Buch ins Regal und beginnen, das nächste zu lesen. Wir nennen solche Menschen Bliss Junkies. Sie sind süchtig nach dem Kick »Wow! Ah! Oh! Ja, ich hab jetzt alles verstanden!« – und meiden den Weg.

Wie sieht es mit dir aus?

Weiter von Wundern träumen oder sie wirklich machen?

Ein Grund, warum ganz viele Leute diesen langfristig sehr erfüllenden Weg der konkreten Manifestation vermeiden, liegt im Design unseres Denkapparats. Wir haben gesehen, dass ein Gedanke erst einmal einfach nur ein Bild ist. Eine Vision, egal wie bombastisch sie ist, kommt aus diesem mentalen Bilderraum und ist im Grunde wie flüchtiger Rauch. Ich wette, das hast du selbst schon mal erlebt.

Du bist in einem Seminar, umgeben von Leuten, die die Dinge genauso sehen wie du. Ihr macht ein paar geile Übungen und plötzlich kommen all diese Bilder. Du bist total geflasht. Alles ist super, alles wird neu und anders und gut. Doch dann gehst du nach Hause; fährst am nächsten Tag zur Arbeit; dein*e Partner*in spielt nicht mit. Und schwups sind deine Visionen wieder weg. Verflüchtigt. Einfach weg.

Dein Gehirn ist ein kleiner, smarter Faulpelz. Es spart gern Energie und nutzt deshalb mit Vorliebe die bekannten Gewohnheiten.

Was genau passiert da in deinem Gehirn? Wenn du eine Vision, also einen neuen Gedanken hast, lässt dein neuronales Netzwerk im wahrsten Sinne des Wortes den Strom in eine neue Richtung fließen. Dabei wird Dopamin ausgeschüttet. Das fühlt sich cool an. Das ist der Moment, wo du das Gefühl hast: »Wow, jetzt geht's ab! Jetzt wird wirklich alles besser!« Doch dann geschieht etwas, das du verstehen musst. Da dein Gehirn ein kleiner Faulpelz ist und immer versucht, Energie zu sparen, hat es bestimmte Bahnen, also Denk- und Verhaltensgewohnheiten, angelegt. Da fließt der Strom immer und immer wieder durch, denn für dein Gehirn ist es leichter, diese alten Bahnen zu nutzen, als neue anzulegen. Solange du in deiner alten Realität verharrst, ist dein Gehirn in einem Zustand der Kohärenz, der Stimmigkeit. »Ich war gestern ein Loser. Ich bin heute ein Loser. Die Welt ist scheiße.« Alles so wie immer. Der Strom fließt in den alten Bahnen – sehr praktisch für dein Gehirn.

Dann kommt da plötzlich dieser irre spannende neue Input. Eben war da noch dein altes Ich mit der vertrauten Wahrnehmung von Realität. Dein Gehirn ist voll entspannt. Plötzlich empfängst du eine Vision und zeigst deinem Gehirn etwas ganz anderes. Jetzt existieren zwei Realitäten gleichzeitig in dir. Das, was du bisher kennst, und die neue Möglichkeit. Das erzeugt Spannung, Unruhe, ja Stress in deinem Geist. Das ist so, als wenn du deinem Gehirn sagst: »Ich bin zugleich am Nordpol und am Südpol.« Dein Oberstübchen kommt damit nicht klar und beschwert sich: »Was? Wie?! Es geht aber nur eins!« Da es das Alte kennt, liegt es nahe, für was es sich entscheidet.

Es gibt für dich nur zwei Möglichkeiten, diese interne kreative Spannung zu lösen. Du kannst die Zukunft fallen lassen und einfach wieder in dein altes Ich gehen. Wenn du in dieser entscheidenden Phase nicht aktiv gegensteuerst, verfällt dein Gehirn in das vertraute Muster und die inspirierende Vision schmilzt schneller als Schnee in der Sonne.

Oder du hältst die Spannung aus und bewegst dich auf deine Zukunft zu. Falls du diesen zweiten Weg der Wundermeister*innen wählst, müssen wir uns kurz mit deinen Gewohnheiten auseinandersetzen.

GEWOHNHEITEN – SPANNENDER, ALS DU DENKST

Achtung, jetzt habe ich eine Überraschung für dich: Das Leben, das du jetzt gerade führst, ist nicht durch spektakuläre *Quantensprünge* entstanden, sondern durch *Gewohnheiten*. Vielleicht denkst du: »Du spinnst doch, Veit. Wir sind hier im Wunderwerk und jetzt kommst du kurz vorm Ende und erzählst mir etwas von Gewohnheiten. Das ist doch viel zu banal.«

Da kann ich nur antworten: Es ist tatsächlich ein banales (einfaches) Wunder. Dein Leben besteht zum Großteil aus Gewohnheiten. Aber das wollen wir oft nicht sehen, uns ist das peinlich, nicht extravagant genug.

Stell dir vor, du stehst mit einer blutigen Stirn vor einer Mauer und beklagst dich über die Ungerechtigkeit der Welt. Jemand kommt vorbei und sagt: »Was meckerst du denn? Du hast dir doch selbst die Mauer ausgesucht und rennst die ganze Zeit dagegen. Kein Wunder, dass du blutest. Das ist nicht ungerecht, das ist deine eigene Gewohnheit. Übrigens, hier, zwei Meter weiter, ist eine offene Tür!« Bam! Peinlich, oder?

Aber glaub mir, wenn du das checkst, ist es eine ernüchternde Erleuchtung und der befreiende Turbo schlechthin. **Alles, was du heute in deinem Leben erfährst, ist das Ergebnis deiner Gewohnheiten.**

Dein Körper ist die Ansammlung von Gewohnheiten. Wie du atmest, isst, dich bewegst, stehst …

Deine Beziehungen sind das Ergebnis von Gewohnheiten. Wie du Menschen auswählst. Ob und wie du Wünsche äußerst. Worüber ihr sprecht, was ihr verschweigt …

Du willst ein neues Leben mit viel mehr Wundern? Ganz einfach. Du brauchst neue Gewohnheiten. Nämlich solche, die Wunder natürlich ermöglichen. Neue Gewohnheiten sind die Treppenstufen vom Berg deiner Seele hinab in deinen Alltag.

Wenn Wunder zu deinen neuen Gewohnheiten werden, wird dein Leben zu einem Wunder.

Egal wie verrückt, groß, unverschämt deine Vision ist – sie kann wahr werden, und zwar mit den richtigen Gewohnheiten, die dazu passen. Um Raum für neue Gewohnheiten zu schaffen, musst du die alten Gewohnheiten stören.

Beispiel: Streiten. Streiten ist wirklich nichts anderes als eine Gewohnheit. Streiten ist unproduktiv und ergibt null Sinn. Doch weil sich viele Menschen simpel daran gewöhnt haben, auf diese Weise Druck abzubauen, rollt die Streitmurmel, einmal getriggert, immer wieder in die gewohnten Bahnen. Spür beim nächsten Streit mal ehrlich hinein. Es ist eine Mischung aus Erleichterung und Abgenutztheit.

Durchbrich die Routine des Musters, indem du mitten im Streit etwas machst, was du sonst nie machst. Zum Beispiel kannst du auf den anderen zugehen und dich entschuldigen, selbst wenn du der Meinung bist, dein Gegenüber müsste sich eigentlich bei dir entschuldigen. Du sagst einfach: »Weißt du was? Es tut mir leid.« Oder du fängst an zu lächeln, nimmst ihn in den Arm. Am effektivsten wirkt die Störung, wenn du etwas machst, das in dem Moment gar nicht passt. Zum Beispiel wenn du dich nackt ausziehst und anfängst, mitten im Streit einen Bauchtanz aufzuführen (natürlich nur im vertrauten Rahmen).

Investiere etwas Zeit und Energie in das Züchten neuer Gewohnheiten, und du kommst aus dem Wundern nicht mehr raus.

Durch solche Aktionen werden nicht nur die neuronal eingefahrenen Bahnen in deinem Gehirn gestört, sondern auch die deines Partners. Wenn das zwei, drei Mal in einem Streit passiert, kann die Reaktionsmurmel nicht mehr so easy ihre gewohnten Bahnen entlangkullern. Streite dich mal mit einem nackten Bauchtänzer! Disruption! Bam!

Als Nächstes geht es darum, neue, frische, positive Gewohnheiten in deinem Leben zu verankern. Was ist deine Vision und welche Gewohnheiten bringen dich in Babyschritten dahin?

Bevor du jetzt große Pläne schmiedest, denk daran: Gewohnheiten sind keine »One-off«-Geschichte, also eine Sache, die du nur einmal machst. Nein, der Witz an Gewohnheiten ist, dass sie ganz oft, meistens täglich, in deinem Leben stattfinden. Sie sind die nicht mehr diskutierbaren Fixpunkte deines Alltags. Wenn du neue Gewohnheiten etablieren möchtest, braucht es am Anfang etwas Entschlossenheit und Einsatz, bis sie sich verankert haben und du gar nicht mehr über sie nachdenken musst. Deshalb bezeichne ich die nächste Etappe in unserem Prozess auch gern als »GZ« – *Gewohnheiten züchten*. Denn es ist wie beim Großziehen eines Baumes. Als Erstes hast du eine Absicht. Dann säst du einen Samen aus. Du sorgst für ausreichend Schutz, Licht und Wasser. Du kommst regelmäßig und schaust nach dem Rechten. Irgendwann ist der Baum groß genug und stark verwurzelt.

Alles in deinem jetzigen Leben ist das Ergebnis von Gewohnheiten, über die du nicht mehr nachdenkst.

Investiere etwas Zeit und Energie in das Züchten neuer Gewohnheiten, und du kommst aus dem Wundern nicht mehr raus.

DER COMPOUND-EFFEKT

Hier kommt jetzt wieder eine supergute Nachricht: Gewohnheiten zu züchten ist keine Zauberei. Und … sind sie einmal angelegt, bewirken sie langfristig echte Wunder. Die Erklärung dafür liefert der Compound-Effekt. Dieser Begriff geht auf das gleichnamige Buch von Darren Hardy zurück. Auf eine Kernidee zusammengedampft lautet die Botschaft dieses Bestsellers: Deine kleinen täglichen Entscheidungen führen dich entweder in ein ödes Mittelmaß oder in eine Katastrophe oder in ein Leben der Wunder und Höchstleistungen.

Hoffentlich hast du es mittlerweile gecheckt: Was du durch Wunderwerk erfährst, könnte, wenn du es wirklich verinnerlichst, eine echte, signifikante Auswirkung auf dein Leben haben. Du bist bereit, an Wunder zu glauben. Jetzt wäre paradoxerweise der größte Fehler, auf ein Wunder zu hoffen, das dich dahin bringt.

Wenn du auf den Mount Everest willst, wird es weder ein Helikopter noch ein magischer Quantensprung sein, die dich auf den Gipfel versetzen. Es werden zehntausend kleine Schritte sein. Jeder einzelne von ihnen trivial und machbar und deshalb von den meisten Menschen in seiner Macht massiv unterschätzt.

Sie rennen hochbegeistert los, aber geben viel zu schnell auf, weil sie nicht sehen, dass sich im Laufe der Zeit durch kleinste neue Gewohnheiten eine mächtige Hebelwirkung aufbaut.

Compounding ist die Fähigkeit einer kleinen Gewohnheit, kleine Fortschritte zu generieren, die automatisch in noch mehr Klarheit, Freude und so weiter reinvestiert werden, die dann deine Gewohnheiten noch powervoller machen, was wiederum zu noch mehr Erträgen auf so vielen Ebenen führt, die wiederum ... Du kriegst den Punkt?

Dein Leben jetzt gerade ist kein Zufall. Es ist das Ergebnis des Compound-Effekts.

Alles verstärkt sich, die Zweifel, die Faulheit, die Hoffnung, die kühnen Gedanken, die kleinen positiven Gesten ..., nur erkennst du das nicht gleich und musst mir das jetzt erst mal glauben. Sonst gibst du nach ein paar Tagen auf, weil du einfach noch keinen Fortschritt sehen kannst. Nicht lange genug zu warten, bis sich die neue Realität aus deiner Vision manifestieren kann, ist reaktiv und kurzsichtig. Ein etwas unfreundlicheres Wort dafür ist »dumm«.

Aktiv und smart zu sein bedeutet zu verstehen: »Egal, was meine Umgebung mir im Augenblick noch widerspiegelt, ich habe in meinem Geist eine neue Vision gewählt. Ich bleibe bei meiner Wahl und investiere jeden Tag einige kleine neue Gewohnheiten. Das mache ich so lange, bis sich die Vision aus der mentalen Ebene in die emotionale, soziale, materielle Ebene hinein manifestiert hat.«

Achtung, es ist wirklich so simpel: Wenn du nicht das Leben deiner Wünsche führst, hast du die falschen täglichen Gewohnheiten und gibst bei Neustarts sehr wahrscheinlich zu früh auf.

Also wie aktivierst du den Compound-Effekt? Indem du nach einigen wenigen kleinen, gut machbaren Ritualen suchst, die du jeden Tag durchführst, bis sie zu Gewohnheiten geworden sind. Dann baust du darauf auf und fügst noch ein paar hinzu, dieses Mal Dinge, die dich etwas stärker herausfordern. Und so weiter. Ich garantiere dir: In einem Jahr schaust du zurück, grinst und denkst: »What the F*ck!«

Doch kein falscher Ehrgeiz. Beginne wirklich mit etwas, das kaum Anstrengung erfordert und das du kontinuierlich weiterverfolgen kannst.

Deine wichtigsten Währungen im Leben sind Vision, Aufmerksamkeit, Zeit und Handlung.

Der Compound-Effekt ist deshalb eine sensationell gute Nachricht für dich, weil er dich aus dem Stress entlässt, irgendwas Grandioses anstellen zu müssen. Im Gegenteil. Suche nach Dingen, die du supereasy weglassen oder hinzufügen kannst. Dinge, die anscheinend erst mal keinen Unterschied machen. Aber wenn du so clever bist, sie wieder und wieder anzuwenden, bewirken sie im Endeffekt eine Riesenveränderung.

Du kannst zum Beispiel sagen: »Ab heute visualisiere ich jeden Tag fünf Minuten meine Vision, lese zwei Seiten in einem schlauen Buch zu dem Thema und beschließe danach noch eine kleine Tat, die zu meiner Vision passt.« Dafür brauchst du jeden Morgen höchstens zehn Minuten Zeit. Machbar, oder? Du kannst es aber auch supereasy weglassen. Das ist so ein Ding, wo jeder von uns vielleicht mal sagen würde: »Heute mal nicht.« Aber beim Compound-Effekt kommt es auf die Kontinuität an. Jeden Tag diese zehn Minuten am Morgen, und du schickst mir in einem Jahr einen Riesenblumenstrauß als Dankeschön.

Noch ein Beispiel. Du hast während deiner Vision deine Liebesbeziehung auf einem völlig neuen Level an Freude gesehen. Du kannst nun weiter von einem Wunder träumen oder Drogen nehmen oder dich gedanklich sonst wohin beamen. Oder du startest jeden Morgen mit einer Liebeserklärung und drei bewusst geäußerten Komplimenten. Wenn du dir angewöhnen würdest, dem Menschen, den du liebst, in den ersten Minuten nach dem Aufwachen in die Augen zu schauen und mit aufrichtig empfundener Dankbarkeit zu sagen, dass du dich auf ihn freust, dass du ihn liebst und dass ihr beide einen wundersamen Tag haben werdet, wäre das *der* Gamechanger. Es ist supereasy, dauert keine zwei Minuten und wenn du das wirklich jeden Tag machst, seid ihr in einem Jahr woanders. Ihr werdet immer wieder einen neuen und tieferen Honeymoon erleben. Aber du kannst es natürlich auch weglassen (was die meisten Paare machen).

Das ist die wundersame Kraft des Compound-Effekts!

VERÄNDERUNG LEICHT GEMACHT

Dein Leben entsteht durch Gewohnheiten.
Visionen sind wichtig, aber an sich verändern
sie noch nichts.
Du kannst alte, ungute Gewohnheiten stören.
Neue Gewohnheiten züchtest du mithilfe des
Compound-Effekts.

DIE LEBENSWÄHRUNGEN

Wie züchtest du eine neue kleine revolutionäre Gewohnheit?
Durch eine weise Verwendung der wichtigsten Lebenswährungen, die unter allen Menschen absolut gleich verteilt sind: Vision, Aufmerksamkeit, Zeit und Handlung.

VISION

Die erste Währung ist deine Fähigkeit zu träumen, Bilder zu entwickeln. Dein Gehirn produziert permanent Visionen.

Entweder du visionierst deine Visionen bewusst und investierst so in Veränderung. Oder du lässt deinen Verstand undiszipliniert laufen. In dem Fall greift dein Gehirn auf alte Bilder zurück. Wenn die supertoll sind – kein Problem. Doch wenn du etwas verändern möchtest, brauchst du neue Bilder. Die erste Frage lautet somit immer: Was für Bilder setzt du deinem Geist vor?

AUFMERKSAMKEIT

Wusstest du, dass die meisten Menschen evolutionär bedingt fünf bis sieben Mal mehr Aufmerksamkeit in negative Ereignisse investieren als in positive? Unser Gehirn fährt mehr auf sie ab. Dadurch sehen wir sie verstärkt und werden in unserer negativen Grundhaltung bestärkt. Deswegen betonen Medien meistens die negativen Sachen. Verkauft sich einfach besser. Lass dich weder von ihnen noch von deinen inneren Angewohnheiten manipulieren. Du kannst deine Aufmerksamkeit selbst lenken.

Im 21. Jahrhundert ist nicht umsonst eine Schlacht um die Aufmerksamkeit der Menschen entbrannt. Aufmerksamkeit ist zu einer ökonomischen Ressource geworden. Denn da, wohin deine Aufmerksamkeit geht, dorthin gehen auch deine Gefühle und dein Geld. Es ist ein so schlichter und zugleich mächtiger Hebel deiner schöpferischen Macht. Dein Leben folgt langfristig immer deinem Fokus!

ZEIT

Die nächste Währung, die unter allen Menschen fair verteilt ist, ist Zeit. Natürlich meine ich damit nicht, wie viele Jahre wir leben – das weiß niemand –, sondern ich spreche von den Zeiteinheiten pro Tag. Du und ich haben heute 24 Stunden zur Verfügung.

Ich lade dich ein, einfach mal kurz zu überlegen:

Wovon hast du heute, in der Zeit, in der du wach warst, geträumt? Wie hast du deine Zeit investiert?

Schau, du kannst Zeit in alten Träumen anlegen, in dem, was du bereits kennst. Oder du kannst Zeit in neue Visionen einbringen. Du hast deine kostbare Lebenszeit in dieses Buch investiert. Wenn du mich fragst, eine gute Entscheidung! Wie viele Minuten deines Tages wirst du ab heute in die durch Wunderwerk entstandene Vision investieren? Keine? Zehn? Eine ganze Stunde?

In zwölf Monaten wird dir dein Leben unbestechlich zeigen, wie viele Zeiteinheiten du in diesem Jahr in alte Dramen und wie viele du in neue Wunder investiert hast. Das ist pure Schöpfungsmathematik.

Einen einzigen dummen, negativen Gedanken zu denken braucht exakt so viel Zeit wie einen neuen, positiven und öffnenden.

HANDLUNG

Die vierte Währung, die so gern übersehen wird, ist die Tat. Stell es dir bildhaft vor. Eine Vision ist wie eine flüchtige Wolke im Äther. Um sie in die konkrete Welt hineinzugebären, musst du sie auf jeden Fall aufschreiben. Dann ist sie schon mal in dieser Dimension verankert. Hab also ab jetzt immer einen Zettel und einen Stift dabei, egal wo du bist. Dir kommt ein cooler Gedanke, schreib ihn auf! Damit ziehst du ihn aus der ätherischen Welt in die Welt der Form. Das ist Alchemie.

Wir alle vollziehen täglich hundert bis mehrere Tausend Handlungen, je nachdem, was für dich als eine Handlung gilt. Ich sehe es bereits als Handlung an, wenn ich mir die Zähne putze. Das heißt, wir kommen supereasy auf ein paar Tausend Handlungen am Tag. Es geht nicht nur darum, *was* wir tun, sondern *wie*, in welcher Haltung wir es tun. Du kannst missmutig, voller Sorgen im Kopf zur Arbeit hasten oder lässig schreiten und dabei deine Vision visualisieren oder lächelnd mit deinen Mitmenschen flirten.

Auch hier gilt der Compound-Effekt. Es geht nicht darum, mehr zu tun, sondern deine Handlungen anders zu vollziehen und langsam umzuschichten. Von destruktiv, verschwenderisch, bremsend hin zu konstruktiv, sinnvoll, lustvoll, stärkend.

Also, wie viel an neuer Vision, Aufmerksamkeit, Zeit und Handlung bist du bereit, pro Tag einem Leben voller Wunder zu widmen? Das Universum kannst du nicht bescheißen. Es beobachtet dich. Es zählt mit und beliefert dich, je nach deiner Investition, sehr fair.

DU BIST EINE ERFOLGSSTORY

Ein schneller Gedanke hier, eine Minute dort, eine kleine Handlung hier … – all das passiert so nebenbei, dass du gar nicht mitbekommst, dass dadurch fortwährend *deine* Realität entsteht. Darüber haben wir schon mal gesprochen, aber ich möchte, dass du es wirklich kriegst. Es ist richtig, richtig wichtig. Wenn du zum Beispiel am Tisch sitzt mit deinen Liebsten, die dir von einer Sache erzählen, die ihnen etwas bedeutet, und du währenddessen fünf Mal auf dein Handy schaust, dann denkst du vielleicht, das ist egal. Ist es nicht. Es ist eine Handlung. Sie löst in dir und den anderen etwas aus. Das wiederum beeinflusst das weitere Gespräch und das wiederum eure ganze Beziehung und so weiter. So entsteht deine Realität. Keine Zauberei! Das, was du heute erfährst, ist das Ergebnis deiner Visionen, deiner Gedanken und deiner Handlungen der letzten zwölf Monate. Punkt.

Jetzt drehen wir unsere Perspektive einmal um. Denn das, was wir gerade gesagt haben, bedeutet auch: Egal wo du gerade in deinem Leben stehst, egal ob du zufrieden bist oder frustriert – du bist bereits eine Erfolgsstory. Warum?

Wenn zum Beispiel dein Konto im Minus ist, ist es weder Zufall noch Misserfolg – es ist ein Erfolg. Wenn auch ein unbewusster. Du hast es genau so kreiert. Es waren deine inneren Bilder, dein Fokus, deine Zeit und deine Handlungen. Wenn du fleißig Zitronenkerne säst, brauchst du dich ja auch nicht zu wundern, wenn du eines Morgens in einem Hain von Zitronenbäumen wach wirst.

Dass dir manche Aspekte deiner Realität vielleicht nicht gefallen, verstehe ich. Darum liest du ja dieses Buch. Aber erst mal ist es wichtig, dass du die positive Nachricht voll annimmst: Du warst und bist eine einzige Erfolgsstory!

Du willst mehr Wunder?
Dann investiere mehr in Wunder.
Mehr Vision. Mehr Aufmerksamkeit,
mehr Zeit, mehr Tat.

Dein schöpferisches Genie kreiert seit deiner Kindheit. Du hast dir bis jetzt wahrscheinlich nur noch nie genau Gedanken darüber gemacht, *was* du erschaffen möchtest. Somit ist die Frage gar nicht, ob du erfolgreich bist oder nicht. Die eigentliche Frage lautet: Ist es *deine* Erfolgsstory oder eine wilde Mixtur aus fremden Geschichten, die auf deinem Weg in deinem Geist haften geblieben sind?

CHALLENGE:
Unterbrich den Kreislauf

Wenn du bereit bist, deine Geschichte neu zu schreiben, bitte ich dich, jetzt direkt einmal kurz aufzustehen und ein paar verrückte Bewegungen zu machen. Am besten Bewegungen, die du nie vor anderen Leuten machen würdest. Mach bitte mal.

Ja, jetzt. Ich warte solange.

...

Hast du? Gut!

(Falls du es gerade nicht gemacht hast, hast du die Kapitel über den Compound-Effekt und über Handlung nicht verstanden. Noch mal eine Klasse zurück!)

Was passiert bei so einer simplen Übung? Du durchbrichst die Routine. Deine Alltagstrance gerät ins Stolpern. Dein retikuläres Aktivierungssystem (ein Steuerungssystem für Wachheit in deinem Gehirn) registriert dies und aktiviert dein Unterbewusstsein für neue Botschaften.

Jetzt sprich laut den folgenden Satz aus: »Ich bin bereit für eine neue Erfolgsstory!« Sag es ruhig noch ein paar Mal in verschiedenen, gern auch witzigen Tonlagen. Oder ganz sinnlich-erotisch flüsternd: »Ich bin mit jeder Faser meines Körpers bereit für eine neue Erfolgsstory.« Vielleicht ist dir auch gerade nach Tschacka-Tschacka zumute: »Alles klar, ich bin bereit! Komm schon! Gib es her!« Durchbrich deinen alten Kreislauf und dann setze eine neue Botschaft. Bam!

BRING DEINE PS
AUF DIE STRASSE

Wenn du gerade mitgemacht hast, danke ich dir für dein Vertrauen. Dein Glück und dein Erfolg liegen mir sehr am Herzen und ich meine es hundertprozentig ernst, wenn ich sage: **Du hast ein Recht auf Wunder und du kannst diese Wunder in deinem Leben manifestieren.**

Deshalb möchte ich dich jetzt noch einmal fragen:

Warum genau liest du dieses Buch? Suchst du ein bisschen neuen intellektuellen Input? Was vollkommen okay wäre. Oder treibt dich eine tiefe Sehnsucht, weil du weißt: »Es gibt einen Bereich in meinem Leben, da lebe ich unter meinen Möglichkeiten und ich will endlich meine vollen PS auf die Straße bringen!«? Vielleicht ahnst du auch, dass dein gesamtes Leben auf einem völlig anderen Level ablaufen könnte. Wenn das der Fall ist, bist du mit dem Wissen aus diesem Buch nicht aufzuhalten. Alles beginnt mit deiner Absicht.

Dann gehst du auf den Berg deiner Seele und holst eine Vision für dein gesamtes Leben oder einen bestimmten Teilbereich auf die Erde. Jetzt beginnst du, jeden Tag ein wenig mehr in diese Vision zu investieren. Beginne deinen Morgen mit deiner Vision. Lies sie dir durch. Fühle sie. Wähle, heute einen wundersamen Gedanken (einen deinen Geist stimulierenden Glaubenssatz) immer wieder liebe- und lustvoll zu denken. Und wähle, drei konkrete Handlungen durchzuführen, die deine Vision fördern.

Checke am Abend, ob du deine drei Handlungen durchgeführt hast. Erkenne dich dafür an. Solltest du eine mal nicht geschafft haben, nimm sie auf die Liste für den kommenden Tag. Zähle für dich noch drei bis fünf Minuten lang alles auf, wofür du an diesem Tag dankbar bist. Tune dich beim Einschlafen in einen Teilaspekt deiner Vision hinein. Fühle es. Nimm die Erfahrung mit in deine Träume. Das ist schon alles!

Widerstehe der Versuchung, am Anfang große Fortschritte zu erwarten. Vertraue auf den Compound-Effekt und zieh es einfach geduldig und voller Begeisterung durch.

Sorge dafür, dass du auf dem Weg möglichst viele kleine und große Freuden genießt. Sei so oft wie möglich im Augenblick.

Tu alles, was dir möglich ist, um dein Körper-Geist-System in einen Flowzustand zu bringen. Ernähre dich gut, trinke ausreichend Wasser, nutze Biohacking, halte deinen Körper gesund.

Mach dir bewusst, dass jede Form der Kommunikation Schöpfung ist. Ein Gespräch ist nicht nur ein Gespräch. Jedes Gespräch stärkt Mythen. Jammern und Meckern erschaffen Mythen des Mangels. Visionäre, dankbare, mitfühlende Gespräche kreieren Wunder.

Beziehungen sind nicht neutral. Sie erschaffen immer Realität. Deshalb bitte ich dich: Betrachte die Qualität deiner Gespräche und Beziehungen als essenziell.

Wenn du eine große Vision hast, wirst du Zwischenziele brauchen. Wenn du mit dem Fahrrad einmal um die Welt fahren willst, musst du dir überlegen: »Was wäre eine gute erste Etappe?

Schnapp dir einen wachen Freund oder einen guten Coach und brich deine Vision auf machbare Zwischenziele herunter. Und ich kann es gar nicht oft genug betonen:

**Kommunikation
ist Schöpfung. Sie ist
niemals neutral,
sondern erschafft
immer Realität.**

Handle deinem neuen Glauben entsprechend.

Wenn du in dir einen neuen Glaubenssatz verankern möchtest, handle entsprechend. Stelle dir jeden Morgen die Fragen: Welchen Glauben möchte ich heute stärken? Durch welche konkrete Handlung kann ich das tun?

In puncto Handeln stoßen die meisten auf zwei Herausforderungen. Zum einen denken wir oft, dass wir mit einer Hauruckaktion die Dinge auf einen Schlag verändern sollten. Nutze den Compound-Effekt. Wähle kleine Handlungen, die du supereasy jeden Tag tun oder weglassen kannst, um deinem Ziel näher zu kommen. Zum anderen fallen den meisten von uns bei der Frage »Was muss ich tun, damit meine Vision Wirklichkeit wird?« hundert Sachen ein, und weil uns das überwältigt, machen wir … nichts.

Stell dir vor, du willst ein chaotisches Zimmer aufräumen. Du schaust dich um und denkst: »Oh mein Gott, wo fange ich bloß an? Ach, ich warte lieber noch bis morgen … « Nein. Stopp! Stehen geblieben. Du wirst handeln, und zwar heute! Du kommst mit der folgenden Frage in Bewegung: Was ist die *eine* Sache, die in dem Bereich, in dem du dir mehr Wunder wünschst, heute den größten Unterschied bewirken würde? Diese Frage stellst du dir einfach jeden Morgen. Was ist die *eine* Sache, um heute deine Liebesbeziehung zu stärken? Was ist die *eine* Sache, mit der du heute deinen beruflichen Erfolg stärken kannst? Mit dieser einen Sache fängst du an. Das machst du jeden Tag. Wenn möglich gleich am Morgen, denn dann ist deine Willenskraft am stärksten.

Epilog

Du bist nun mit allen Wassern der Kunst der Wunder gewaschen und ich wette, du brennst darauf, jetzt richtig loszulegen und ganz viele fantastische Wunder in deinem Leben zu manifestieren. Dabei wünsche ich dir von Herzen ganz viel Spaß, Freude und Erfolg!

Aus eigener Erfahrung weiß ich allerdings, dass man auf dem herausfordernden Weg des Manifestierens hin und wieder ins Stocken geraten kann.

Deshalb möchte ich dir gerne zum Schluss noch ein paar Dinge und Gedanken mitgeben, die dir vielleicht helfen, einige der Klippen, die dir auf deinem Weg begegnen können, zu umschiffen.

ENTSPANNUNG
STATT ANSTRENGUNG

Erinnere dich noch mal an das, was wir ganz am Anfang gesagt haben: Wunder brauchen keine Anstrengung. Wunder geschehen nicht durch Verkrampfung, vielmehr brauchen Wunder eine Entspannung. Damit meine ich nicht, dass du dich nicht mehr bewegen und stattdessen faul auf dem Sofa sitzen sollst; sondern ich spreche von geistiger Entspannung. Lass immer wieder, möglichst jeden Tag mehrmals, bewusst los und vertraue. Wenn du dich einfach entspannst und sagst: »Ab jetzt wird nicht mehr gekämpft. Ich bin bereit für Wunder«, dann werden sie kommen. Wenn du diese Überzeugung 365 Tage aufrechterhältst und jeden Morgen sagst: »Egal, was mir meine Realität gerade spiegelt, ich werde mich jetzt und heute entspannen und ich werde jetzt und heute Wunder erkennen«, dann bist du schon mittendrin. Dann hast du einen psychologisch sehr mächtigen Compound-Effekt und ich garantiere dir, du wirst dein Leben am Ende des Jahres nicht mehr wiedererkennen. Es werden so viele Wunder entstanden sein.

Wundern ist keine Arbeit; im Grunde genommen ist Wundern eine Art Verlernen. Wir verlernen wieder, uns so krampfhaft anzustrengen. Wir verlernen wieder, an unserem Rechthaben und den Urteilen festzuhalten, die die Wunder des Lebens vor uns verbergen.

ES GIBT KEINE RANGORDNUNG

Dem Wunder ist es egal, ob es groß oder klein ist. Viele Menschen glauben, Wunder müssten immer etwas ganz Großes, Spektakuläres sein. Dieser Irrtum hält uns davon ab, die bereits um uns existierenden Wunder voll wahrzunehmen, und es erzeugt den immensen Erwartungsdruck, dass sogenannte »große« Wunder ganz viel Anstrengung bräuchten.

Ich gebe dir ein Beispiel. Lass uns sagen, du hast seit vielen Jahren immer durchschnittlich tausend Euro auf dem Konto oder bist mit tausend Euro im Minus. Aus der Perspektive von Wunderwerk betrachtet, ist dieses Ergebnis ein genauso hochwertiges Wunder wie ein Kontostand von einer Million Euro. Ich weiß, das klingt verrückt. Doch denke einmal drüber nach. Du hast genau dieselben Elemente (Absicht, Vision, Gewohnheiten, Zeit …) verwendet, wie du sie nun für das Erschaffen von einer Million einsetzen kannst. Ich verstch schon, dass dic meisten von uns den einen Kontostand bevorzugen würden. Doch es ist echt wichtig, dass du das kriegst: Auf einer metaphysischen Ebene sind beides gleichwertige Wunder.
Du brauchst dieselben geistigen, schöpferischen Fähigkeiten für tausend Euro im Minus wie für zehntausend Euro im Plus. Du brauchst dieselben geistigen Fähigkeiten, eine frustrierende, langweilige, mittelmäßige Beziehung zu erschaffen wie eine ekstatische, aufregende

und erfüllende. Ein Mensch, der leidet, ist genauso ein Wunder wie ein Mensch, der gerade glücklich ist. Da gibt es keine Rangordnung.

Wunder sind ein Dienst an der Menschheit. Wenn du richtig groß denkst, haben wir alle etwas davon.

Der Kosmos will einfach nur von dir wissen, welches Wunder du dir wünschst. Wenn du sagst: »Hm, ich backe mal kleine Brötchen. Mehr ist für mich nicht drin«, dann sagt der Kosmos: »Okay, dann werden wir durch dich eben ein Mehr-ist-nicht-drin-Leben erschaffen.« Wenn du sagst: »Ab heute will ich ein abenteuervolles, ekstatisches, orgasmusreiches Leben«, sagt der Kosmos: »Okay, Abenteuer, Ekstase, Orgasmus. Los geht der Spaß.« Deshalb – wann immer du denkst, »dieses Wunder ist zu groß«, wisse bitte: Das ist nichts weiter als ein begrenzender Glaubenssatz. Es gibt keine Rangordnung von Wundern.

EIN DIENST
AN DER MENSCHHEIT

Dein Leben als ein großartiges Wunder zu manifestieren ist kein Egotrip, sondern ein Dienst. Es ist der maximale Dienst, den du anderen Menschen erweisen kannst. Schau, das ist etwas, das wir oft nicht auf dem Schirm haben. Wenn du in die Visionsebene gehst und eine größere Möglichkeit von dir empfängst, dann ist die Wahrscheinlichkeit relativ groß, dass du zunächst vor allem an dich denkst, wie cool das für dich persönlich ist. Das ist okay.

Doch ich möchte dich gerne einladen zu sehen, dass du jedes Mal, wenn du einen solchen Durchbruch hast, uns allen einen Dienst erweist. Das meine ich vollkommen ernst: Alles, was wir aus unserer freien Seelenebene in diese konkrete Welt hineinbringen, dient allen. Es dient unseren Kindern, unseren Eltern, der Menschheit. Denn wenn andere Menschen uns sehen, inspiriert und erinnert es sie.

Deine innere und äußere Dehnung, um mehr Wunder zu manifestieren, ist kein Egotrip, sondern wirklich ein Geschenk für uns alle. Denn letzten Endes wirst du dadurch zu einem Kanal einer neuen Möglichkeit für die gesamte Menschheit. Was haben wir davon, wenn du lauter schlechte oder mittelmäßige Eigenschaften channelst und dein Licht immer weiter runterdimmst?

ERSTE HILFE FÜR DEN NOTFALL

Wunder zu manifestieren ist eine Reise, die nie zu Ende ist. Du kannst dich dein Leben lang weiter ausdehnen, immer mehr Möglichkeiten entdecken, immer mehr Wunder manifestieren und damit dir und uns das schönste Geschenk machen. Dennoch wird es vermutlich Zeiten geben, in denen dein Glaube ins Wanken gerät. Es wird Zeiten geben, in denen du zweifelst und es dir schwerfällt, die Lebenswährungen Vision, Aufmerksamkeit, Zeit und Handlung produktiv einzusetzen. Das ist ganz natürlich, das geht uns allen so.

Für solche Fälle ist es gut, wenn du einen kleinen Erste-Hilfe-Koffer hast, auf den du zurückgreifen kannst. Hier sind drei Maßnahmen, die du in einem solchen Fall ergreifen kannst und die wirklich hilfreich sind.

EINKEHR

Erstens: Nimm dir inmitten deiner aktuellen Realität einmal am Tag Zeit, um alles aus der Hand zu legen und in das einzutauchen, was bereits da ist. Liste auf, wofür du dankbar bist. Verbinde dich über deinen Atem und deinen Körper mit der Gegenwart. Genieße diesen Augenblick. Sage Ja zu dir selbst. Urteile nicht, sondern staune liebevoll über das Wunder, das du bist.

WURZELGLAUBENSSÄTZE

Zweitens: In solchen Momenten sind Wurzelglaubenssätze extrem effektiv. »Ich bin frei«, »Ich bin gut«, »Ich bin wertvoll«, »Ich habe ein Anrecht auf Glück, Gesundheit und Erfolg«, was auch immer. Wähle den Satz, der zu deiner momentanen Verfassung passt, und wiederhole ihn mehrmals. Besonders gut ist es, wenn du den Satz laut aussprichst. Du kannst ihn auch auf einen Zettel schreiben und ihn in deiner Wohnung an einem Ort aufhängen, wo du ihn möglichst oft siehst. So verankerst du den Satz in deinem Bewusstsein und dein Glaube kann sich wieder neu ausrichten.

DREI VERSPRECHEN

Drittens: Gib dir jeden Tag drei magische Versprechen. Sie gehen auf die Kunst der Wunder zurück und wirken wie ein sanfter Reminder, um dich wieder mit der Energie des Wunderns zu verbinden.

Das erste Versprechen lautet: »Ich aktiviere jetzt meinen Schöpfergeist.«

Das zweite Versprechen lautet: »Ich erinnere mich daran, dass für mich noch viel mehr möglich ist. Und ich wähle, das zu glauben, egal was ich gerade erlebe.«

Und das dritte Versprechen lautet: »Ich bin bereit, jetzt ein Wunder zu erkennen.«

Inhaliere diese Versprechen, indem du sie mehrmals täglich wiederholst. Du wirst sehen, dass sich deine Zweifel zerstreuen und du wieder ganz offen wirst für das nächste Wunder in deinem Leben.

DIE GROSSE VERBUNDENHEIT

Ich bin dir zutiefst dankbar, dass du dich so für Wunderwerk geöffnet hast. Wenn die Gedanken dieses Buches bei dir etwas auslösen, dann wirst du wiederum deinen Mitmenschen ermöglichen, sich in deiner Nähe zu entspannen und noch glücklicher, gesünder, erfolgreicher zu sein.

Denn wir sind alle miteinander verbunden. Wir sind alle Teil der Noosphäre und in der Tiefe sind wir eins. Wenn es mir gelungen ist, dich für dein Wunder und für das Wunder deiner Möglichkeiten zu begeistern, würde es mich überglücklich machen, wenn du mir kurz ein Zeichen gibst – eine E-Mail oder eine Postkarte oder ein Kommentar auf der Homodea-Facebookseite. Das sind für mich die schönsten Momente meiner Arbeit. Meistens werden wir kontaktiert, wenn Leute ein Problem oder Fragen haben, und das ist vollkommen okay. Andrea und ich dienen wirklich gerne. Aber wenn mir jemand schreibt, dass er sein Leben positiv verändert hat, macht mich das total glücklich. Das sind die Momente, für die ich lebe und für die ich meinen Weg gehe.

Die Tatsache, dass du dieses Buch bis zum Ende gelesen hast, zeigt mir, dass du wirklich bereit bist, dich selbst auf den Weg zu machen. Jetzt ist es für dich Zeit, deine Wunder in die Welt zu bringen. Ich glaube ganz fest an dich und wünsche dir eine wundervolle Reise!

ÜBER DEN AUTOR

Veit Lindau (geb. 1969) wirkt als Teacher, Speaker und Autor. Er gilt im deutschsprachigen Raum als Experte für eine integrale Selbstverwirklichung des Menschen. Seine Passion und sein Wissen gibt er unter anderem in integralen Coachingausbildungen und durch zahlreiche Onlinekurse weiter. Seine Bücher, einige Bestseller, sind provokante, liebevolle Weckrufe. Energisch und augenzwinkernd ruft er dazu auf, im täglichen Leben konkret umzusetzen, was wir alle bereits wissen. In seinen Vorträgen und Seminaren ermutigt, inspiriert und fordert er heraus.

Veit freut sich, wenn du mit ihm über Facebook und Instagram in Kontakt mit ihm bleibst. Texte und Termine: www.veitlindau.com

HOMODEA

Wenn du die in diesem Buch angesprochenen Themen durch Onlinekurse vertiefen und dich mit Tausenden Gleichgesinnten vernetzen möchtest, komm zu **homodea.com** – unserem digitalen Heimathafen für wache Menschen und Unternehmen der neuen Zeit.

ANHANG

---

wunderwerk als Onlinekurs

Wie im Buch bereits erwähnt, schenken wir dir den kompletten Onlinekurs zum Buch, mit sechs Videos und fünf geführten Meditationen. Du findest ihn hier: **go.homodea.com/wunderwerk**
Passwort: ichbineinwunder

INSPIRATIONSQUELLEN UND WEITERFÜHRENDE BUCHTIPPS

Helen Schucman, Margarethe Randow et al.: *Ein Kurs in Wundern*. Greuthof, 2019 (Dieses Buch möchte ich dir sehr ans Herz legen. Lass dich nicht von der stark christlich geprägten Terminologie abschrecken. Kein anderes Buch hat mir so wirksam dabei geholfen, wieder staunen zu lernen.)

Dr Carol Dweck: *Mindset – Updated Edition: Changing The Way You think To Fulfil Your Potential*. Robinson, 2017

Darren Hardy: *Die Gewinnerformel: Für Erfolg auf ganzer Linie*. Goldmann, 2020

Veit Lindau: *SeelenGevögelt. Manifest für das Leben*. Goldmann, 2016

Veit Lindau: *Werde verrückt. Wie du bekommst, was du wirklich-wirklich willst*. Goldmann, 2019

Steven Kotler: *Stealing Fire: Spitzenleistungen aus dem Labor: Das Geheimnis von Silicon Valley, Navy Seals und vielen mehr*. Plassen Verlag, 2018

LIEBE LESERINNEN UND LESER,

wir wollen Ihnen mit diesem Buch Informationen und Anregungen geben, um Ihnen das Leben zu erleichtern oder Sie zu inspirieren, Neues auszuprobieren. Wir achten bei der Erstellung unserer Bücher auf Aktualität und stellen höchste Ansprüche an Inhalt und Gestaltung. Alle Anleitungen, Übungen oder Rezepte werden von unseren Autoren, jeweils Experten auf ihren Gebieten, gewissenhaft erstellt und von unseren Redakteur*innen mit größter Sorgfalt ausgewählt und geprüft.

Haben wir Ihre Erwartungen erfüllt? Sind Sie mit diesem Buch und seinen Inhalten zufrieden? Wir freuen uns auf Ihre Rückmeldung. Und wir freuen uns, wenn Sie diesen Titel weiterempfehlen, in Ihrem Freundeskreis oder bei Ihrem Online-Kauf.

Sollten wir Ihre Erwartungen so gar nicht erfüllt haben, tauschen wir Ihnen Ihr Buch jederzeit gegen ein gleichwertiges zum gleichen oder ähnlichen Thema um.

KONTAKT ZUM LESERSERVICE

GRÄFE UND UNZER VERLAG
Grillparzerstraße 12
81675 München
www.gu.de

IMPRESSUM

unum

unum ist eine eingetragene Marke der GRÄFE UND UNZER VERLAG GmbH, www.gu.de

ISBN 978-3-8338-8108-4
2. Auflage 2021

Projektleitung:
Clea von Ammon
Lektorat: Dr. Antje Korsmeier
Bildredaktion:
Nele Schneidewind
Korrektorat: Christian Wolf
Umschlaggestaltung und Layout: ki36 Editorial
Design, Daniela Hofner, Marta Olesniewicz
Herstellung: Renate Hutt
Satz: Uhl + Massopust, Aalen
Repro: Longo AG, Bozen
Druck und Bindung: DZS, Slowenien

GRÄFE UND UNZER
Ein Unternehmen der
GANSKE VERLAGSGRUPPE

Bildnachweis:
Cover: Plainpicture
Autorenportrait:
Paul Königer
Plainpicture: S. 28; Unsplash/Uulysse Pointcheva/Matt Hardy/Siim Lukka/Matthew Meijer/Justin Kauffman/Joshua Humpfer : S. 4, 44, 62, 106, 152, 180; The Noun Project: S. 13

Syndication:
www.seasons.agency

Die unum-Homepage finden Sie unter: www.unum-verlag.de